本書は『データベース 1700 使える英単語・熟語 3rd Edition』の
装丁を変更し，新装版として刊行するものです。

DataBase 1700

データベース

使える英単語・熟語

3rd Edition 新装版

桐原書店編集部[編]

桐原書店

はじめに

「英文をすらすらと読めるようになりたい」「自由に英語を話せるようになりたい」「インターネットで外国の人たちと交流したい」，そのように考えている人はたくさんいると思います。そしてみなさんは，そうした希望を現実のものとするために，英語の学習に励んでいることでしょう。

英語の学習は多くの分野にわたります。読む，書く，聞く，話す，それぞれの力を総合的に身につけていくことによって，英語力は伸びていきます。本書の目的である英単語の力，つまり語い力もそのひとつです。そして，語い力なくしては，英語を読むことも，書くことも，話すこともできません。語い力は英語を学習するうえで不可欠な要素なのです。

ところで，ひとくちに英単語といっても，その数はぼうだいであり，最大級の英英辞典ですと，50万語を超える単語が掲載されています。しかし，英語学習の基盤となるのは1,000 ～ 2,000語程度の基本単語なのです。まず重要なことは，こうした基本的な単語を，使い方を含めて確実に覚えていくことなのです。基盤が弱ければ，その上にどれだけ新しい単語を積み重ねようとしても，効率のよい英語学習には結びつきません。

本書は，見出し語の選定にあたり，中学生と高校1年生が実際に使用している教科書を分析し，基本英単語約860と熟語約130，会話表現約70を，英語力の基盤をつくるための最重要の見出し語として収録しました。また，発音の学習のために，音声だけでなく，見出し語の発音記号のカタカナ表記も併記しています。これらの単語を自分のものにすることで，英語を読む力も，書く力も，話す力も確実に向上させることができます。

単語の学習は根気のいるものです。しかし，英文を読んだときに，自分の単語力の伸びを実感したときの喜びは，それに勝るものだと思われます。本書がみなさんの英語力のさらなる向上につながることを願っています。

2013年秋
桐原書店編集部

≫ 本書の特長と使い方

① 精選された英単語・熟語

本書では，中学校で学ぶべき英単語・熟語から，高校での基礎的な学習で必要となるものまで，基本英単語約860と熟語約130，会話表現約70を見出し語として選びました。中学校の教科書を分析し，中学校を卒業したみなさんがそれぞれの単語をどのくらい知っているか，というめやすが見出し語の下に5段階で表示されています。

② レベル別・テーマ別配列による効率的な学習

本書全体をレベル別に6段階に分け，さらに各レベル内でテーマ別に単語・熟語を提示しています。

③ 全見出し語・熟語に例文・フレーズが完全対応。赤シート学習が可能

Level 1-4はフレーズを中心とした学習，Level 5-6では例文を中心とした学習になっています。見出し語の第一語義とフレーズや例文中の見出し語・訳語が赤文字で示され，「英→和」，「和→英」の双方向でチェックが可能です。

④ 場面別によく使われる会話表現のページを収録

よく使われるごく基本的な会話表現を，11のテーマ，22の場面別にまとめて，対話文形式のコーナー「Dialogue」として設けました。

⑤ 単語に関する情報マーカーを充実

発音やアクセント，つづりに注意すべき単語には，それぞれ発 ア 綴のマーカーをつけました。また，派生語・重要関連語や熟語も，独自のマーカーで明示しています。

⑥ 必要なところにワンポイント・アドバイス

似たような意味を持つ単語のニュアンスの違いや，実際に使用するうえでの注意点などを説明するコラムを用意しました。

⑦ 音声で耳から学習

すべての見出し語と意味，例文・フレーズのほか，「発音記号をマスターする」や「絵で覚える英単語」の音声をこちらより聞くことができます。

⑧ 単語学習を助ける豊富なイラスト

特別にページを分けて，基本動詞や前置詞などをイラストで視覚的に解説しています。

もくじ

» 本書で使用している記号

(バー)	**中学卒業時単語認知度**：中学を卒業した生徒が，その単語をどの程度認識しているかという割合のめやすで，5段階で表示。左の例の場合，中学卒業生の40%程度が教科書で学習していると思われていることを示す。(表示のない単語は中学で未習と思われるもの)
(　)	**①単語の意味上の補足　②省略可能な語(句)　③反意語・同意語・類義語の明示** (例) ① set (太陽が) 沈む　② *be* in (the) hospital ③ correct (＝right) ／easy (⇔difficult)
[　]	**置き換えが可能な語(句)** (例)a piece[sheet] of paper ／ a famous picture 有名な絵[写真]
《　》	**文法・語法上の補足説明** (例)youth《the youthで》若者
((　))	**アメリカ用法・イギリス用法** (例)the first floor ((英)) 2階　((米)) 1階
<　>	**動詞の活用変化**　(例)set <set-set-set>
⇨	**派生語・重要関連語** (例)long ⇨ length　名 長さ ／ lock ⇨ key　名 鍵
➡	**関連熟語** (例)same ➡ at the same time　同時に
⇔	**反意語**　(例)low(⇔high)
＝	**同意語**　(例)capital(＝capital letter)
≒	**類義語，ほぼ同じ意味をもつ表現**　(例)finally(≒at last)
(複)	**複数形**　(例)child　(複)children ／(単)は単数形を表す。
発	**発音に注意すべき語**　(例)laugh [læf] 発
ア	**アクセントに注意すべき語**　(例)equal [íːkwəl] ア
綴	**綴りに注意すべき語**　(例)science 綴
!	**その他の注意すべき事柄** (例)desert [dézərt] 名 砂漠　! dessert [dizə́ːrt] 名 (食事の)デザート
A »» Track No.2	**音声収録マーカーとトラックナンバー**：左は，**A**のトラックナンバー2に音声が収録されていることを表す。
(カチンコ)	**アニメーションマーカー** 句動詞や熟語のアニメーションがあることを表す。

アニメーションは，平成23年度～24年度科学研究費補助金・若手研究(B)「句動詞をイメージを使って効果的に習得するための教材開発」(課題番号：23720307，研究代表：中川右也)の一環として作成されたものである。

英語の単語を日本語の順序で並べても英文にはなりません。意味をなす英文にするためには，各語のはたらきに応じて，英語のルールにしたがって並べなければなりません。

単語の学習を始める前に，まずは英文中における各語のはたらきを表す〈品詞〉と，英文を形づくる〈文の要素〉について確認しておきましょう。

1. 品詞

英文中におけるはたらきによって，英語の単語は10種類の〈品詞〉に分かれます。

名詞 **noun**	**人や物事の名前**を表します。これは日本語と同じとらえ方で，たとえばteacher「先生」，cat「猫」，wind「風」，happiness「幸せ」，という具合です。
冠詞 **article**	冠詞は日本語の品詞にはなく，とらえにくいものかもしれません。 **名詞の前**に置かれ，その名詞が**特定できるか，特定できないか**を表すのが主なはたらきです。具体的には前者ではthe，後者ではaあるいはanを使います。
代名詞 **pronoun**	**名詞の代わりに使われる**ので「代」名詞です。これも基本的にはとらえ方は日本語と同じです。「本」という名詞も，そのものが目の前にあれば「それ（＝it）」という物を指す代名詞が使えますし，「鈴木君」という男性のことを他の人に伝えるときには「彼（＝he）」という男性を指す代名詞が使えます。
形容詞 **adjective**	人や物事などの**性質・状態・数量**などを表します。 たとえばbig「大きい」，sad「悲しい」，many「多い」などです。

▶ 英語の品詞と文の要素

動詞 **verb**	人や物事の**状態や動作**を表します。また, **「目的語」**を必要とするかしないかで, **「他動詞」**と**「自動詞」**とに種類が分かれます。たとえば, give「～を与える」(他動詞), swim「泳ぐ」(自動詞) などです。
副詞 **adverb**	動詞や形容詞に**様態・場所・時・頻度・程度**などの意味を追加します。たとえばsometimes「ときどき」, there「そこで」などです。
助動詞 **auxiliary verb**	動詞の意味を補うはたらきをし, **話し手の判断**などを追加します。たとえば, can「～することができる」, must「～しなければならない」などです。
前置詞 **preposition**	動詞と名詞を直接続けることのできない場合には, この前置詞が**名詞や代名詞の前**に置かれます。たとえばat「～で」, in「～の中に」などです。
接続詞 **conjunction**	語と語, 文と文などを**つなぐ**(接続する)はたらきをします。たとえばand「～と…」, but「しかし」などです。
間投詞 **interjection**	**話し手の感情**を表します。日本語の「まあ」「おい」「いいえ」「おはよう」などを感動詞 (感嘆詞) といいますが, それらと同じです。たとえば, oh「ああ」, well「ええと」などです。

○ 英文中における〈品詞〉を次の例文で確認しましょう。

Yesterday	the	teacher	gave	difficult	books	to
副詞	冠詞	名詞	(他) 動詞	形容詞	名詞	前置詞

me	in	his	room	and	said	to	me,
代名詞	前置詞	代名詞	名詞	接続詞	(自) 動詞	前置詞	代名詞

“Well,	you	must	read	these	tonight.”
間投詞	代名詞	助動詞	(他) 動詞	代名詞	副詞

(昨日, その先生は彼の部屋で私に難解な本を与え, 私に言った。「さあ, 君はこれらを今晩読まないといけないよ」)

2. 文の要素

〈品詞〉は単語レベルでのはたらきを表しますが，英文を組み立てるにはそれらを〈文の要素〉として並べる必要があります。その主な〈文の要素〉について見てみましょう。

主語 Subject	主語とは，日本語でいえば「**〜は;〜が**」にあたる部分です。 文の要素の説明のとき，Sと表されます。 主語になれる品詞：名詞，代名詞
(述語)動詞 Verb	(述語)動詞とは，日本語でいえば「**…である；…する**」にあたる部分で，**主語の状態や動作を表します。** 文の要素の説明のとき，**V**と表されます。

The girl smiled.　（その少女はほほえんだ。）
S **V**

目的語 **Object**	動詞が動作や行為を表す場合，**その対象となる語**です。日本語でいえば「彼**に**渡す」という場合の「**〜に**」に，「ボールをける」という場合の「**〜を**」にあたります。目的語を必要とする動詞を他動詞，必要としない動詞を自動詞といいます。 文の要素の説明のとき，**O**と表されます。 目的語になれる品詞：名詞，代名詞

He (S) read (V) the book. (O)　（彼はその本を読んだ。）

補語 **Complement**	**主語や目的語が「どういうものなのか」「どういう状態にあるのか」を説明する語**です。 文の要素の説明のとき，**C**と表されます。 補語になれる品詞：名詞，代名詞，形容詞

Her father (S) is (V) a doctor. (C)　（彼女の父親は医者だ。）

She (S) looks (V) happy. (C)　（彼女はうれしそうだ。）

こうした基本的な文の要素に，さらに意味を付け加える「修飾語」などが組み込まれて，英文は成り立っています。

» 人称代名詞の変化

練習1 » 表中の空所を埋めましょう。

人称	数・性		主格（～は、～が）	所有格（～の）	目的格（～を、～に）	所有代名詞（～のもの）
1人称	単数		I	my	1) ______	mine
	複数		2) ______	our	us	ours
2人称	単数・複数		you	3) ______	you	yours
3人称	単数	男性	he	his	4) ______	his
		女性	she	5) ______	her	hers
		中性	it	its	it	
	複数		they	6) ______	them	theirs

（⇨解答はp.20）

人を表す人称代名詞（**I, You**など）は，代名詞自体の形が変化をすることで文中でのはたらきを表しています。1人称は話し手（私／私たち），2人称は聞き手（あなた／あなたたち）を表し，3人称はそれ以外のものを表します。

主格は文の主語として用いられる形で，**所有格**は日本語の「～の」に相当する意味を持ち，つねに名詞の前に置かれます。**目的格**は文中で動詞や前置詞の直後に置かれます。**所有代名詞**は〈所有格＋名詞〉を表します。

» 名詞の形が変化する？～単数形と複数形～

練習2 》 表中の空所を埋めましょう。

単数形	発音・意味	複数形
apple	[ǽpl]（あプる）リンゴ	**appl*es***
tree	[tríː]（トリー）木	1) ＿＿＿＿＿＿
bus	[bʌ́s]（バス）バス	**bus*es***
box	[báks]（バックス）箱	2) ＿＿＿＿＿＿
dish	[díʃ]（ディッシュ）お皿	3) ＿＿＿＿＿＿
knife	[náif]（ナイふ）ナイフ	**kni*ves***
city	[síti]（スィティ）市	4) ＿＿＿＿＿＿

（⇨解答はp.20）

日本語では常に人やものの数を意識して話すわけではありませんが，英語では名詞の数を無視して考えることはできません。名詞には数えられる名詞と数えられない名詞があり，数えられる名詞は**単数形**と**複数形**を持っています。複数形は単数形に-sまたは，-esをつけて作ります。

【複数形を作るのに-esをつける場合】

①語尾がs, x, ch, sh,〈子音字＋o〉の場合：-esをつける
②語尾がf, feの場合：f, feをvに変えて-esをつける
③語尾が〈子音字＋y〉の場合：yをiに変えて-esをつける

≫ be動詞, have, do の活用～主語の人称と単数・複数がカギ～

練習3 ≫ 表中の空所を埋めましょう。

原形	意味	現在形	過去形
be[bíː] （ビー）	①～である ②いる，ある	**I am** **You** 2) ______ **She** 3) ______ **They are**	**I** 1) ______ **You were** **She was** **They** 4) ______

（⇨解答はp.20）

be動詞は「①～である　②いる，ある」などの意味を持ちますが，主語となる名詞の人称や単数・複数，現在・過去などの時制に応じて不規則に変化します。be動詞以外の動詞は一般動詞と呼ばれています。

【have, doの活用】

原形	主語	現在形	過去形
have [hǽv]（ハぁヴ）	**I / you** **he / she / it** **we / you / they**	**have** **has** **have**	**had**
do [dúː]（ドゥー）	**I / you** **he / she / it** **we / you / they**	**do** **does** **do**	**did**

動詞には規則変化動詞と不規則変化動詞の２種類がありますが，ここで取りあげたbe動詞，have，doはいずれも不規則変化動詞です。

» 3人称単数現在形（3単現）に注意

練習4 » 表中の空所を埋めましょう。

原形	発音・意味	3人称単数現在形
come	[kʌ́m]（カム）来る	**Mike come*s***
get	[gét]（ゲット）を手に入れる	**Mary** 1) ______
teach	[tíːtʃ]（ティーチ）を教える	**Tom** 2) ______
go	[góu]（ゴウ）行く	**John** 3) ______
wash	[wáʃ]（ワッシュ）を洗う	**Linda washe*s***
study	[stʌ́di]（スタディ）を勉強する	**Tim** 4) ______

（⇨解答はp.20）

【3人称単数現在形を作るのに -esをつける場合】

①語尾が-s, -x, -ch, -sh, 〈子音字＋o〉で終わる場合

②語尾が〈子音字＋y〉で終わる場合：yをiに変えて-esをつける

》規則変化動詞の活用

練習5 》 表中の空所を埋めましょう。

原形	発音・意味	過去形	過去分詞形
listen	[lísn]（リスン）聞く	**listen*ed***	**listen*ed***
talk	[tɔ́:k]（トーク）話す	**talk*ed***	**talk*ed***
hope	[hóup]（ホウプ）を望む	1) ＿＿＿＿	2) ＿＿＿＿
live	[lív]（リヴ）生きる	3) ＿＿＿＿	4) ＿＿＿＿
cry	[krái]（クライ）泣く	5) ＿＿＿＿	6) ＿＿＿＿
stop	[stáp]（スタップ）を止める	7) ＿＿＿＿	8) ＿＿＿＿

（⇨解答はp.20）

一般動詞は規則変化動詞と不規則変化動詞に分かれます。規則変化動詞は原形に-edをつけることで，過去形，過去分詞形を作ることができます。

【特別な規則変化動詞】

①語尾が-eで終わる動詞：-dだけをつける。

②〈子音字＋y〉で終わる動詞：yをiに変えて-edをつける。

③〈1母音字＋1子音字〉で終わる動詞：最後の子音字を重ねて-edをつける。

≫ 不規則変化動詞の活用

練習6 ≫

原形	発音・意味	過去形	過去分詞形
build	[bíld]（ビるド）を建てる	**built**	1) ________
come	[kʌ́m]（カム）来る	2) ________	**come**
go	[góu]（ゴウ）行く	3) ________	4) ________
make	[méik]（メイク）を作る	5) ________	**made**
see	[síː]（スィー）を見る	6) ________	7) ________
tell	[tél]（テる）を告げる	8) ________	9) ________

（⇨解答はp.20）

不規則変化動詞は，過去形・過去分詞形が不規則に変化します。この単語集では，不規則変化動詞には活用を載せてありますので，ひとつひとつ確認していくようにしましょう。

過去形は過去を表す文で用いられます。また，過去分詞形は，受動態・完了形・仮定法の文など多くの場面で用いられるので，新しい動詞を覚えるときには，過去分詞形までチェックするようにしましょう。

単母音

Track No.1

発音記号	発音のポイント	例
[æ] (あ)	唇を左右に強く引っ張って「ィア」と言う。	**a**pple[ǽpl](あプる)リンゴ m**a**p[mǽp](マぁップ)地図
[ʌ] (ア)	のどの奥のほうで「アッ」と強く言う。口はあまり開けない。	b**u**s[bʌ́s](バス)バス c**u**t[kʌ́t](カット)切る
[ɑ] (ア)	のどの奥で軽く「ア」と言う。	b**o**dy[bɑ́di](バディ)体 cl**o**ck[klɑ́k](クらック)時計
[ɑː] (アー)	口を大きく開いて，のどの奥から明るく「アー」と言う。	f**a**ther[fɑ́ːðər](ふァーざ)父 c**a**lm[kɑ́ːm](カーム)静かな
[ɑːr] (アー)	上の[ɑː]を言ってから，舌先をあげて力を抜いて「ア」をそえる。	**ar**m[ɑ́ːrm](アーム)腕 sm**ar**t[smɑ́ːrt](スマート)頭のよい
[ə]	口を大きく開けず，力を抜いてあいまいに「ア」と言うのが基本だが，直前の子音の影響を受けて発音が変わることから，あいまい母音と呼ばれている。本書のカナ表記では，「アイウエオ」のうち最も近い類似音をあてている。	**a**gain[əgén](アゲン)ふたたび hol**i**day[hɑ́lədèi](ハりデイ)休日 t**o**day[tədéi](トゥデイ)今日 childr**e**n[tʃíldrən](チるドレン)子どもたち acti**o**n[ǽkʃən](あクション)行動
[ər] (ア)	舌先をあげて，口を大きく開けず，力を抜いてあいまいに「ア」と言う。	aft**er**[ǽftər](あふタ) ～のあとで riv**er**[rívər](リヴァ)川
[əːr] (ア～)	[ər]をのばして長く言う。	b**ir**d[bə́ːrd](バ～ド)鳥 **ear**th[ə́ːrθ](ア～す)地球
[i] (イ)	口は「エ」を言う形で，力を入れずに「イ」と言う。	**i**f[íf](イふ)もし～なら th**i**s[ðís](ずィス)これ
[iː] (イー)	唇を左右に引っ張って「イー」と言う。	w**ee**k[wíːk](ウィーク)週 b**ee**[bíː](ビー)ハチ
[u] (ウ)	力を抜いて，唇を丸めて「ウ」と言う。	f**oo**t[fút](ふット)足 p**u**t[pút](プット)置く

[uː] (ウー)	日本語の「ウ」より唇を前に突き出して「ウー」と言う。	**too**l[túːl](トゥーる)道具 p**oo**l[púːl](プーる)プール
[e] (エ)	日本語の「エ」と同じように言えばよい。	p**e**n[pén](ペン)ペン **e**gg[ég](エッグ)卵
[ɔː] (オー)	口は日本語の「オ」の形で「アー」と言う。	**a**ll[ɔ́ːl](オーる)すべての c**a**ll[kɔ́ːl](コーる)呼ぶ
[ɔːr] (オー)	上の[ɔː]を言ってから，舌先をあげて力を抜いて「ア」をそえる。	f**or**[fɔ́ːr](ふォー) ～のために p**or**t[pɔ́ːrt](ポート)港

≫ 二重母音

Track No.2

発音記号	発音のポイント	例
[ai] (アイ)	「ア」を強く，ややのばす感じで「アーイ」と言う。	arr**i**ve[əráiv](アライヴ)着く **i**ce[áis](アイス)氷
[au] (アウ)	「ア」を強く，ややのばす感じで「アーウ」と言う。	cl**ou**d[kláud](クらウド)雲 m**ou**th[máuθ](マウす)口
[iər] (イア)	[i]のあとに[ər]を軽くそえる。	**ear**[íər](イア)耳 f**ear**[fíər](ふィア)恐れ
[uər] (ウア)	[u]のあとに[ər]を軽くそえる。	t**our**[túər](トゥア)旅行 p**oor**[púər](プア)貧しい
[eər] (エア)	[e]のあとに[ər]を軽くそえる。	w**ear**[wéər](ウェア)を着ている **air**[éər](エア)空気
[ei] (エイ)	「エ」を強く，ややのばす感じで「エーイ」と言う。	**a**ble[éibl](エイブる)可能な t**a**ke[téik](テイク)を取る
[ɔi] (オイ)	日本語の「オ」より大きく丸く口を開け，「オーイ」とややのばす感じで言う。	**oi**l[ɔ́il](オイる)油 t**oy**[tɔ́i](トイ)おもちゃ
[ou] (オウ)	口を小さく丸め，「オ」を強く，ややのばす感じで「オーウ」と言う。	c**o**ld[kóuld](コウるド)寒い g**o**[góu](ゴウ)行く

子音

Track No.3

発音記号	発音のポイント	例
[p] (プ)	唇を閉じ，息だけ勢いよく出して「プッ」と言う。	**p**ut[pút]（プット）に置く **p**iano[piǽnou]（ピあノウ）ピアノ
[b] (ブ)	唇を閉じ，のどの奥で声を出しながら息を出して「ブッ」と言う。	**b**ook[búk]（ブック）本 **b**ig[bíg]（ビッグ）大きい
[t] (ト)	上の歯ぐきに舌の先をあてて息だけを出す。	**t**oy[tɔ́i]（トイ）おもちゃ **t**ea[tíː]（ティー）お茶
[d] (ド)	上の歯ぐきに舌の先をあてて，のどの奥で声を出しながら息を出す。	**d**og[dɔ́ːg]（ドーグ）犬 **d**esk[désk]（デスク）机
[k] (ク)	日本語の「ク」より強く激しく言う。	**c**ook[kúk]（クック）料理する **c**old[kóuld]（コウるド）寒い
[g] (グ)	[k]を言うときに，同時にのどの奥で声を出す。	**g**ood[gúd]（グッド）よい **g**ift[gíft]（ギふト）贈り物
[m] (ム)	唇を閉じて，鼻の奥で「ム」と声を出す。	**m**oon[múːn]（ムーン）月 **m**ake[méik]（メイク）を作る
[n] (ヌ)	上の歯ぐきに舌先をつけ，鼻の奥で「ンヌ」と声を出す。	**n**oon[núːn]（ヌーン）正午 **n**ame[néim]（ネイム）名前
[ŋ] (ング)	[k]や[g]の前の[n]が[ŋ]の音になる。[n]の音をのばして[k]や[g]に続けることが多い。	alo**ng**[əlɔ́ːŋ]（アろーング）～に沿って i**n**k[íŋk]（インク）インク
[l] (る)	舌先を上の歯ぐきにつけて，鼻の奥のほうで「ウ」と声を出す。	b**l**ue[blúː]（ブるー）青 **l**ive[lív]（りヴ）生きる
[r] (ル)	舌先を軽くあげ，軽く「ウ」をそえる感じで声を出す。	**r**oom[rúːm]（ルーム）部屋 **r**ight[ráit]（ライト）右
[f] (ふ)	下唇に前歯の先をあてて，息だけそこから出す。	**f**ull[fúl]（ふる）いっぱいの **f**ine[fáin]（ふァイン）晴れた

[v] (ヴ)	下唇に前歯の先をあてて，声を出しながら息を出す。	**gi**v**e**[gív](ギヴ)を与える **v**ery[véri](ヴェリ)とても
[θ] (す)	前歯の先に舌先を軽くつけて，そこから息だけを出す。	**th**ree[θríː](すリー)3 **th**ink[θíŋk](すィンク)と思う
[ð] (ず)	前歯の先に舌先を軽くつけて，声を出しながら息を出す。	**th**is[ðís](ずィス)これ **th**ere[ðéər](ぜア)そこに
[s] (ス)	上の歯ぐきに舌先を近づけて，そこから息を出す。	**s**oup[súːp](スープ)スープ **s**ix[síks](スィックス)6
[z] (ズ)	上の歯ぐきに舌先を近づけて，声を出しながら息を出す。	**z**oo[zúː](ズー)動物園 lo**s**e[lúːz](るーズ)に負ける；失う
[ʃ] (シュ)	日本語で「静かに」と言うときの「シー」に近い感じ。息だけを出す。	pu**sh**[púʃ](プッシュ)を押す **sh**e[ʃíː](シー)彼女は［が］
[ʒ] (ジュ)	上の[ʃ]の音を出すときに，のどの奥で声を出す。	u**s**ual[júːʒuəl](ユージュアる)いつもの　deci**s**ion[disíʒən](ディスィジョン)決定
[j] (イ)	[i]の口の形をして，あとに続く母音の発音へ移る。	**y**es[jés](イエス)はい **y**oung[jʌ́ŋ](ヤング)若い
[h] (フ)	口を次に続く音の形にし，のどの奥から息だけを出す。	**h**ouse[háus](ハウス)家 **h**uman[hjúːmən](ヒューマン)人間の
[w] (ウ)	唇を丸めて突き出し，「ウ」と言う。	**w**ood[wúd](ウッド)木 **w**est[wést](ウエスト)西
[tʃ] (チ)	舌先を上の歯ぐきにつけて，そこから「チ」と息を出す。	ben**ch**[béntʃ](ベンチ)ベンチ **ch**eese[tʃíːz](チーズ)チーズ
[dʒ] (ヂ)	舌先を上の歯ぐきにつけ，のどの奥で声を出しながら息を出す。	bri**dg**e[brídʒ](ブリッヂ)橋 **J**apan[dʒəpǽn](ヂャパぁン)日本
[ts] (ツ)	舌は日本語の「ツ」の位置で，息だけを出す。	i**ts**[íts](イッツ)その　boo**ts**[búːts](ブーツ)長ぐつ(複数形)
[dz] (ヅ)	舌は[ts]の位置で，「ヅ」と声を出す。	goo**ds**[gúdz](グッヅ)品物 be**ds**[bédz](ベッヅ)ベッド(複数形)

本書での発音の示し方について

本書では発音記号のほかに，カタカナ・ひらがなを用いて見出し語の発音の仕方を示しています。ひらがなで示されているのは，日本語の音との違いが大きな音です。カナ表記は英語の発音を正確に表しているわけではありません。まず音声で，実際の発音を聞いて確かめてから，カナ表記を参考にして，発音記号の読み方を身につけるようにしましょう。

Warm Up Exercises 解答

練習1 1) me 2) we 3) your 4) him 5) her 6) their

練習2 1) trees 2) boxes 3) dishes 4) cities

練習3 1) was 2) are 3) is 4) were

練習4 1) gets 2) teaches 3) goes 4) studies

練習5 1) hoped 2) hoped 3) lived 4) lived 5) cried 6) cried 7) stopped 8) stopped

練習6 1) built 2) came 3) went 4) gone 5) made 6) saw 7) seen 8) told 9) told

Level 1

» 人を表す語 (1)

001 child
[tʃáild]
チャイるド

名 子ども　(複) child**ren** [tʃíldrən] チルドレン
◇ an only **child**
ひとりっ子

---

002 person
[pə́ːrsn]
パ〜スン

名 (性別・年齢の区別なく) 人, **人間**
◇ a kind **person**
親切な人

---

003 human
[hjúːmən]
ヒューマン

形 人間の, 人間的な
◇ the **human** body　人体
名 **人間** (＝human being)

---

004 student
[stjúːdnt]
ステューデント

名 生徒, 学生

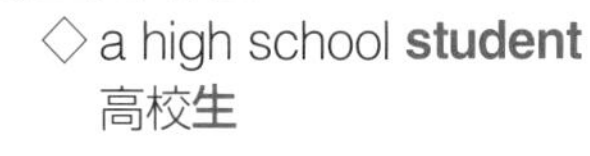

◇ a high school **student**
高校生

---

005 teacher
[tíːtʃər]
ティーチャ

名 教師
◇ an English **teacher**
英語の教師

---

006 group
[grúːp]
グループ

名 集団, グループ
◇ in a **group**
集団になって

» 大小・長短・高低など

007 big
[bíg]
ビッグ

形 大きい
◇ a **big** house
大きな家

---

008 large
[láːrdʒ]
らーヂ

形 大きい
◇ a **large** family
大家族

009 □ **small**
[smɔ́:l]
スモーる

形 小さい
◇ a **small** room
小さな部屋

010 □ **little**
[lítl]
りトゥる
→ 027

形 ① 小さい
◇ a **little** girl　小さな女の子
② 少ない, 少量の

011 □ **low**
[lóu]
ろウ

形 低い (⇔ high)
◇ a **low** wall
低い塀

012 □ **high**
[hái]
ハイ

形 高い (⇔ low)
◇ **high** mountains
高い山

013 □ **tall**
[tɔ́:l]
トーる

形 高い (⇔ short)
◇ **tall** buildings
高い建物

014 □ **long**
[lɔ́:ŋ]
ろーング

形 長い (⇔ short)
◇ **long** hair
長い髪
⇨ length 名 長さ

015 □ **short**
[ʃɔ́:*r*t]
ショート

形 ① 短い (⇔ long)
◇ a **short** story
短編小説
② 背が低い (⇔ tall)

移動を表す語（1）

016 □ **walk**
[wɔ́:k]
ウォーク

動 歩く
◇ **walk** to school　学校へ**歩く**
名 散歩

---

017 □ **run**
[rʌ́n]
ラン

動 走る　<run-ran-run>
◇ **run** to the station
駅へ**走る**

---

018 □ **turn**
[tə́:rn]
タ～ン

動 ① 曲がる，向きを変える
◇ **turn** left at the corner　角で左に**曲がる**
② ～をまわす，まわる
③ ～をひっくりかえす
名 順番，回転

---

019 □ **move**
[mú:v]
ムーヴ

動 ① ～を動かす；動く　⇨ movement 名 動き
◇ **move** the box　箱を**動かす**
② ～を感動させる　③引っ越す

---

020 □ **jump**
[dʒʌ́mp]
ヂャムプ

動 ① とぶ，とびあがる
◇ **jump** over the fence
フェンスを**とびこえる**
名 とぶこと，跳躍

---

021 □ **return**
[ritə́:rn]
リタ～ン

動 ① 帰る，戻る
◇ **return** home　家に**帰る**
② ～を返す
◇ **return** the book　本を**返す**

---

022 □ **stop**
[stáp]
スタップ

動 ～を止める；止まる
◇ **stop** the car　車を**止める**
名 停留所

023 □ **leave**
[líːv]
りーヴ

動 ① ～を去る，～から出発する <leave-left-left>
◇ **leave** the room　部屋を去る
②～を置き忘れる
③～をそのままにしておく

≫ 数や量を表す語

024 □ **many**
[méni]
メニィ

形 (数が) 多くの
◇ **many** friends　多くの友人
名 多数の人

025 □ **much**
[mʌ́tʃ]
マッチ

形 (量が) たくさんの
◇ **much** money　たくさんのお金
副 非常に，とても
名 多量

026 □ **few**
[fjúː]
ふュー

形 ① (数が) ほとんどない
◇ There are **few** mistakes.
間違いがほとんどない。
②《a few で》(数が) 少しはある
◇ There are *a* **few** mistakes.
間違いが少しはある。

027 □ **little**
[lítl]
りトゥる
→ 010

形 ① (量が) ほとんどない
◇ We have **little** time.
私たちには時間がほとんどない。
②《a little で》(量が) 少しはある
◇ We have *a* **little** time.
私たちには時間が少しはある。

01 **many, much と few, little**：many, few は数えられる名詞に，much, little は数えられない名詞に使う。

見る・聞くなど

028 □ **look**
[lúk]
るック

動 ①《look at ... で》…を見る
◇ **look** *at* the clock
時計を見る
②《形容詞が続いて》～のように見える
◇ She **looks** *tired*.
彼女は疲れているように見える。

029 □ **see**
[síː]
スィー

動 ① ～を見る <see-saw-seen>
◇ **see** stars
星を見る
② 会う
③ 理解する

030 □ **watch**
[wátʃ]
ワッチ

動 ～をじっと見る
◇ **watch** TV
テレビを見る
名 腕時計

02 **look, see, watch**：look at ... は視線をある方向に向けて見る，see は自然に目に入る，watch は注意してじっと見るという意味になる。

031 □ **hear**
[híər]
ヒア

動 ～が聞こえる，～を聞く <hear-heard-heard>
◇ **hear** the sound
音が聞こえる

032 □ **listen**
[lísn] 発
りスン

動《listen to ... で》(注意して) …を聞く
◇ **listen** *to* music
音楽を聞く

03 **hear, listen**：hear は自然に耳に入る，listen to ... は耳を傾けるという意味になる。

033 find
[fáind]
ふァインド

動 ① ～を見つける <find-found-found>
◇ I **found** a nice store.
私はすてきなお店を**見つけた**。
② ～を（…と）思う, ～を（…と）わかる
◇ She **found** the book interesting.
彼女はその本をおもしろいと**思った**。

≫ 言う・話すなど

034 say
[séi]
セイ

動 言う <say-said-said>
◇ He **said** thank you to his friend.
彼は友だちにありがとうと**言った**。

035 tell
[tél]
テる

動 ～を話す, 言う <tell-told-told>
◇ I **told** her the truth.
私は彼女に真実を**話した**。

036 talk
[tɔ́:k]
トーク

動 話す
◇ We **talked** about the news.
私たちはニュースについて**話した**。

037 speak
[spí:k]
スピーク

動 話す <speak-spoke-spoken>
◇ He **speaks** French.
彼はフランス語を**話す**。
⇨ speech 名 スピーチ, 発言

04 **say, tell, talk, speak**：say は伝える内容に焦点があり, tell は伝える相手と内容に焦点がある。そのため, tell のあとには tell *her* など伝える相手となる目的語が必要となる。talk は相手とのやりとりに焦点があり, speak は音を出して一方的に話す, という意味がある。

» 笑う・泣くなど

038 □ **laugh**
[lǽf] 発
らぁふ

動《laugh at ... で》…を笑う
◇ **laugh** *at* the joke
冗談に笑う
⇨ laughter 名 笑い

039 □ **smile**
[smáil]
スマイる

動《smile at ... で》…にほほえむ
◇ **smile** *at* the children
子どもたちにほほえむ
名 **ほほえみ**

040 □ **cry**
[krái]
クライ

動 (声に出して) **泣く, 叫ぶ**
◇ begin to **cry**
泣き始める
名 **叫び声**

041 □ **shout**
[ʃáut]
シャウト

動 **大声で言う**
◇ **shout** for help
大声で助けを呼ぶ
名 **叫び声, 大声**

042 □ **sing**
[síŋ]
スィング

動 **～を歌う,** (鳥などが) **鳴く** <sing-sang-sung>
◇ **sing** an old song
古い歌を歌う
⇨ song 名 歌
⇨ singer 名 歌手

043 □ **call**
[kɔ́:l]
コーる

動 ① **～を呼ぶ, ～を** (…と) **呼ぶ**
◇ **call** the doctor
医者を呼ぶ
② **～に電話をかける**
名 ① **呼び声**
② **電話**

» 国・世界など

044 □ **country**
[kʌ́ntri]
カントリ

名 ① 国
◇ in Asian **countries**
アジア諸国で
② 《the country で》 **いなか**

045 □ **world**
[wə́ːrld]
ワ～るド

名 《the world で》 世界
◇ all over *the* **world**
世界中で

046 □ **foreign**
[fɔ́ːrən] 発 綴
ふォーリン

形 外国の
◇ a **foreign** language
外国語
⇨ foreigner 名 外国人

047 □ **land**
[lǽnd]
らぁンド

名 土地, (海に対して) **陸, 陸地**
◇ dry **land**
乾燥した土地
動 **着陸する**

048 □ **area**
[éəriə] 発
エアリア

名 ① 地域；場所
◇ There are many stores in this **area**.
この地域にはたくさん店がある。
② **分野**

049 □ **language**
[lǽŋgwidʒ] 発 ア
らぁングウィッヂ

名 言語, **言葉**
◇ study a **language**
言語を学ぶ

生死に関する語

050 □ **life**
[láif]
らイふ

名 生命；生活，生涯
◇ save *one's* **life**　命を救う

---

051 □ **death**
[déθ]
デす

名 死
◇ cause of **death**　死因

---

052 □ **live**
[lív]
りヴ

動 ① 生きる　⇨ living 形 生きている
◇ **live** long　長生きする
② 住む，暮らす
◇ **live** in a city　都会に住む

---

053 □ **die**
[dái]
ダイ

動（動物が）死ぬ，（植物が）枯れる
◇ My grandfather **died** ten years ago.
私の祖父は10年前に亡くなった。

---

054 □ **kill**
[kíl]
キる

動 ～を殺す，《*be* killed in ... で》（戦争・事故などで）死ぬ
◇ He *was* **killed** *in* the war.
彼は戦争で死んだ。

---

055 □ **dead**
[déd]
デッド

形 死んでいる
◇ a **dead** language　死語

---

056 □ **alive**
[əláiv]
アらイヴ

形 ① 生きている
◇ stay **alive**　生き続ける
② いきいきした，活発な

> **05** **aliveとliving**：名詞の前ではlivingを用いる。
> × an *alive* animal
> ○ a *living* animal「生きている動物」

» thing のつく語

057 □ **thing**
[θíŋ]
すィング

名 こと, もの
◇ a strange **thing**
奇妙な**こと**

---

058 □ **something**
[sʌ́mθìŋ]
サムすィング

代 何か
◇ Is **something** wrong?
何かおかしいのですか。

---

059 □ **anything**
[éniθìŋ]
エニすィング

代 ①《疑問文で》何か
◇ Do you need **anything** else?
何かほかに欲しいものはありますか。
②《否定文で》**何も**（〜ない）
③ **何でも**
◇ try **anything**
何でも試す

---

060 □ **everything**
[évriθìŋ]
エヴリすィング

代 ①《単数扱い》すべてのこと［もの］
◇ I decided to tell her **everything.**
私は彼女に**すべてのこと**を話そうと決心した。
②《否定文で》**すべてが〜とはかぎらない**

---

061 □ **nothing**
[nʌ́θìŋ]
ナッすィング

代《単数扱い》何も〜ない
◇ I know **nothing** about soccer.
私はサッカーについて**何も**知らない。

» one/body のつく語

062 □ **someone**
[sʌ́mwʌ̀n]
サムワン

㈹ だれか，ある人（＝somebody）
◇ **someone** at the door
玄関にいるだれか

---

063 □ **anyone**
[éniwʌ̀n]
エニワン

㈹《疑問文で》だれか（＝anybody）
◇ Does **anyone** know his name?
だれか彼の名前を知りませんか。
②《否定文で》だれも（～ない）
③ だれでも
◇ He runs faster than **anyone** else.
彼はほかのだれよりも速く走る。

---

064 □ **everyone**
[évriwʌ̀n]
エヴリワン

㈹ ① みんな，だれでも（＝everybody）
◇ **everyone** in the family
家族のみんな
②《否定文で》だれもが～というわけではない

---

065 □ **nobody**
[nóubədi]
ノウバディ

㈹《単数扱い》だれも～ない（＝no one）
◇ **Nobody** was home.
だれも家にいなかった。

» 開ける・閉めるなど

066 □ **open**
[óupən]
オウプン

動 ① ～を開ける
◇ I **opened** the window.
私は窓を開けた。
② 開く
形 開いている

---

067 □ **close**
[klóuz] 発
クろウズ
→ 279

動 ① ～を閉じる
◇ **close** *one's* eyes　両目を閉じる
② 閉まる

---

068 □ **shut**
[ʃʌ́t]
シャット

動 ① ～を閉める，～を閉じる <shut-shut-shut>
◇ **shut** the door　ドアを閉める
② **閉まる，閉じる**

069 □ **lock**
[lák]
らック

動 ～に鍵をかける
◇ **lock** the door　ドアに鍵をかける
名 **錠**
⇨ key 名 鍵

» 成長・変化

070 □ **grow**
[gróu]
グロウ

動 ① 成長する <grow-grew-grown>
◇ **grow** old
年をとる
⇨ growth 名 成長
② **～を栽培する；～を育てる**

071 □ **change**
[tʃéindʒ]
チェインヂ

動 ～を変える；**変わる**
◇ **change** *one's* mind
考えを変える
名 ① **変化**
② **おつり，小銭**

072 □ **continue**
[kəntínjuː] ア
コンティニュー

動 ～を続ける；**続く**
◇ **continue** reading
本を読み続ける

基本動詞①

073 □ go <go-went-gone>

[góu] [wént] [gɔ́:n]
ゴウ ウェント ゴーン

□ This bus **goes** to the city hospital.
このバスは市営病院に行く。

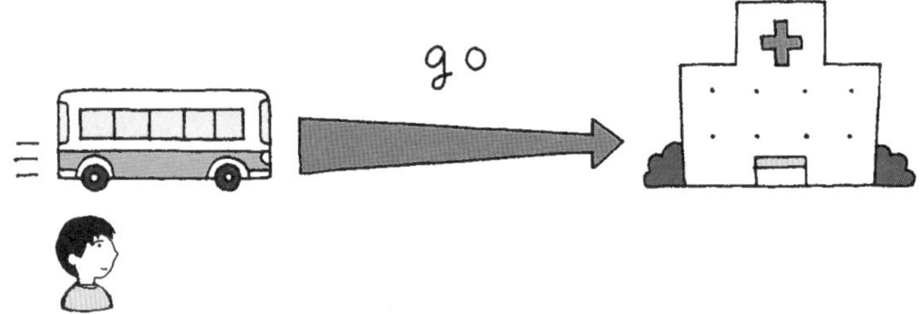

go は，話し手から離れる方向に移動する動きを表す。

基本的な使い方

《移動・進行》の意味を表す。

□ ① The meeting is **going** well so far.	会議は今のところうまく進んでいる。
□ ② John **went** rushing down the street.	ジョンは道を急いで行った。
□ ③ These apples **went** bad.	これらのリンゴは悪くなった。

話し手から離れていく，ということから，《消失・退出》の意味も表す。

□ ④ My bag is **gone**!	私のかばんがない！

□ ⑤ Has your headache **gone** away yet?	頭痛はもうなくなりましたか。

» go を使った熟語

go out, go back, go up, go down, go on -ing, go through ...

074	□ How about **going out** for lunch?	昼ごはんを食べに**出かけ**ませんか。
075	□ Let's **go back** the way we came.	来た道**を戻り**ましょう。
076	□ We **went up** the stairs.	私たちは階段**を上がった**。
077	□ The elevator is **going down** now.	エレベーターが今**降りている**。
078	□ They **went on** *talk***ing** for hours.	彼らは何時間も**話し続けた**。
079	□ She **went through** many difficulties.	彼女は多くの困難**を経験した**。

あいさつをする

A

Mari: Hi, I'm Mari.
Peter: Hi, my name's Peter. **Nice to meet you.**
Mari: Nice to meet you, too.
Peter: **How are you doing?**
Mari: **Fine, thanks.** And you?
Peter: Fine, but I'm busy these days.

真理：　こんにちは，私は真理です。
ピーター：　こんにちは，私の名前はピーターです。**はじめまして。**
真理：　こちらこそ，はじめまして。
ピーター：　**ごきげんいかがですか？**
真理：　**元気です，ありがとう。**あなたは？
ピーター：　元気ですが，ここのところ忙しいです。

080 □ **Nice to meet you.**　はじめまして。

06 **再会したときには？**：すでに知り合いである人と再会したときには，meet ではなく Nice to *see* you (again). と表現する。

081 □ **How are you doing?**　ごきげんいかがですか？

082 □ **Fine, thanks.**　元気です，ありがとう。

07 **Fineのほかには？**：Fine, thanks. と答える以外にも，親しい間柄の場合には I'm OK.「元気だよ」や Not bad. / So-so.「まあまあだね」などの表現がある。Fine, but ... のように具体的な状況を補足してみるのもよい。

B

Peter: Hi, Mari. **It's been a long time. How have you been?**
Mari: Great! I was on vacation last week.
Peter: Oh really? Did you go anywhere?
Mari: Yes. Okinawa.
Peter: Okinawa? You're so lucky!
Mari: How about you? Are you still busy?
Peter: **Yeah**, but I saw a movie last weekend.

ピーター： やあ，真理。**ひさしぶりだね。どうしていた？**
真理： 最高よ！先週は休暇をとっていたの。
ピーター： そうなの？ どこかに行った？
真理： ええ。沖縄に行ってきたわ。
ピーター： 沖縄だって？ 君はついているな！
真理： あなたは？ まだ忙しいの？
ピーター： **うん**，でも先週末には映画を見たよ。

083 □ **It's been a long time.** ひさしぶりだね。

08 **「ひさしぶり」を表す表現：**I haven't seen you for a long time. や，Long time no see. なども用いられる。

084 □ **How have you been?** どうしていた？

09 **相手の状況をたずねる表現：**相手の状況をたずねる表現として，親しい間柄の場合には How's it going? や What's up? などがある。

085 □ **Yeah.** （親しい相手に向かって）うん。

Track No.13

» 仕事に関する語（1）

086 □ **job**
[dʒɑ́b]
ヂャブ

名 仕事，職
◇ find a **job**　仕事を見つける

087 □ **work**
[wə́ːrk]
ワ〜ク

名 ① 仕事
◇ a lot of **work**　たくさんの仕事
② 作品
動 ① 働く，勉強する
◇ My father **works** hard every day.
私の父は毎日一生懸命に**働いている**。
② (機械などが) 動く
⇨ worker 名 働く人

088 □ **idea**
[aidíːə] ア
アイディーア

名 考え，意見
◇ a good **idea**　よい考え

089 □ **company**
[kʌ́mpəni]
カムパニ

名 ① 会社　⇨ office 名 会社，事務所
◇ a music **company**　音楽会社
② 仲間

090 □ **plan**
[plǽn]
プらぁン

名 計画，企画
◇ make a **plan**　計画を立てる
動 〜を計画する

» 心の動き（1）

091 □ **like**
[láik]
らイク

動 〜が好きだ，〜を好む
◇ I **like** cats.　私は猫が**好きだ**。
前 〜のように，〜のような
◇ act **like** a child　子ども**のように**ふるまう

092 □ **love**
[lʌ́v]
らヴ

動 ～が大好きだ，～を愛する
◇ I **love** Japanese gardens.
私は日本庭園が大好きだ。
名 **愛情，愛，恋**

093 □ **know**
[nóu] 発
ノウ

動 ～を知っている，**知る**
<know-knew-known>
◇ **know** the answer　答えを知っている
⇨ knowledge 名 知識，知っていること

094 □ **feel**
[fíːl]
ふィーる

動《形容詞が続いて》～を感じる，**～と感じる**
<feel-felt-felt>
◇ **feel** *tired*　疲れを感じる
⇨ feeling 名 感覚，感情

095 □ **remember**
[rimémbər]
リメンバ

動 ～を覚えている，**～を思い出す**
◇ **remember** the day
その日を覚えている

096 □ **think**
[θíŋk]
すィンク

動 ～と思う；**考える** <think-thought-thought>
◇ I **think** you are right.
私はあなたが正しいと思う。
⇨ thought 名 思考，思想

097 □ **hope**
[hóup]
ホウプ

動《hope to *do* で》～したいと思う，**～することを望む**
◇ I **hope** *to see* you again.
またお会いしたいです。
名 **希望，期待**

098 □ **mean**
[míːn]
ミーン

動 ～を意味する　<mean-meant-meant>
◇ What do you **mean** by that?
それはどういう意味なのですか。

手を使う（1）

099 □ **help** [hélp] へるプ

動 ～を手伝う，**～を助ける**
◇ **help** him with his homework 彼の宿題を手伝う
名 **助け**

---

100 □ **show** [ʃóu] ショウ

動 ～を見せる，**～を案内する** <show-showed-shown>
◇ **show** *one's* picture 写真を見せる

---

101 □ **write** [ráit] ライト

動 ～を書く，<write-wrote-written>
《write to ... で》…**に手紙を書く**
◇ **write** a book 本を書く
⇨ writer 名 作家；記者

基本的な副詞

102 □ **well** [wél] ウェる

副 よく，**上手に** <well-better-best>
◇ sleep **well** よく眠る
形 **健康で**

---

103 □ **also** [ɔ́:lsou] オーるソウ

副 ～もまた
◇ He plays the piano and **also** sings well. 彼はピアノを弾くし，歌**もまた**上手だ。

---

104 □ **too** [tú:] トゥー

副 ① ～もまた
◇ I think so, **too**. 私もそう思う。
② ～すぎる
◇ **too** hot 暑［熱］すぎる

> **10** **alsoとtoo**：「～もまた」を表す場合，alsoは通例，一般動詞の前かbe動詞のあとにきて，tooは文の最後にくる。

105 □ **again**
[əgén] 発
アゲン

副 もう一度，再び
◇ try it **again**　もう一度やってみる

106 □ **usually**
[júːʒuəli]
ユージュアり

副 いつもは，たいてい　⇨ usual 形 いつもの
◇ I **usually** go to school by bicycle.
私はいつもは自転車で通学している。

107 □ **always**
[ɔ́ːlweiz] ア
オーるウェイズ

副 いつも，つねに
◇ She **always** gets up at six.
彼女はいつも6時に起きる。

108 □ **sometimes**
[sʌ́mtàimz] ア
サムタイムズ

副 ときどき
◇ She **sometimes** watches movies on weekends.
彼女はときどき週末に映画を見る。

109 □ **never**
[névər]
ネヴァ

副 決して～ない
◇ I will **never** forget that day.
私はその日のことを決して忘れない。

110 □ **often**
[ɔ́ːfn] 発
オーふン

副 よく，しばしば
◇ My mother **often** goes to that shop.
私の母はよくその店に行く。

11 **頻度を表す副詞**：頻度の高いものから並べると，always > usually > often > sometimes > rarely[seldom]「めったに～ない」> never「決して～ない」の順になる。

111 □ **only**
[óunli]
オウンり

副 わずか～に過ぎない，ただ～だけ
◇ I **only** have 500 yen.
私はわずか500円しか持っていない。
形 たったひとつ［ひとり］の，唯一の

学習に関する語（1）

112 □ **study**
[stʌ́di]
スタディ

動 ～を勉強する，研究する
◇ **study** English
英語を勉強する
名 勉強，研究

---

113 □ **answer**
[ǽnsər]
あンサ

動 ～に答える
◇ **answer** the question
質問に答える
➡ **answer** the phone 電話に出る
名 答え，返事

---

114 □ **understand**
[ʌ̀ndərstǽnd] ア
アンダスタあンド

動 ～がわかる，～を理解する
<understand-understood-understood>
◇ **understand** English
英語がわかる

---

115 □ **way**
[wéi]
ウェイ

名 ① 道，進路
◇ the **way** to the station
駅へ行く道
② 方法

---

116 □ **course**
[kɔ́:rs]
コース

名 ① 進路，コース
◇ change *one's* **course**
進路を変える
② 過程

---

117 □ **homework**
[hóumwə̀:rk]
ホウムワ～ク

名 宿題
◇ do *one's* **homework**
宿題をする

数量・まとまりを表す語（1）

118 **half**
[hǽf]
ハぁふ

形 半分の, **2分の1の**
◇ **half** an hour
30分
名 **半分, 2分の1**

119 **quarter**
[kwɔ́ːrtər]
クウォータ

名 **4分の1**
◇ a **quarter** of an hour
15分（1時間の**4分の1**）

12 **quarter 硬貨**：米国の25セント硬貨はa quarterとも呼ばれる。これは, 1ドル＝100セントなので, 25セントは1ドルの4分の1にあたるためである。

120 **double**
[dʌ́bl] 発
ダブる

形 二重の, **2倍の**
◇ a **double** lock
二重錠
名 **2倍**
動 **～を2倍にする**

121 **couple**
[kʌ́pl] 発
カプる

名 ①《a couple of ... で》**2つの…, 2～3の…**
◇ *a* **couple** *of* hours
2～3時間
② **1組, 1対, 2つ, 男女の1組**

数を表す語

122 □ **both**
[bóuθ]
ボウす

形 両方の
◇ **both** hands　両手
代 両方とも

13 **both A and B**：both A and B が主語の位置に置かれた場合，動詞は複数の主語として受ける。
◆ *Both* Mary *and* Tom *like* dogs.
「メアリーもトムも両方とも犬が好きだ」

---

123 □ **either**
[íːðər]
イーざ

形（2者のうち）どちらかの，どちらか一方の
◇ **either** way
どちらかの方法
代（2者のうち）どちらか，いずれか

14 **either A or B**：either A or B が主語の位置に置かれた場合，動詞は B に一致させる。
◆ *Either* he *or* I *am* right.
「彼か私のどちらかが正しい」

---

124 □ **next**
[nékst]
ネクスト

形 ① 次の，今度の
◇ **next** month　翌月
② 隣の
副 次に

---

125 □ **every**
[évri]
エヴリ

形《単数形の名詞の前で》すべての
◇ **Every** student has to take the test.
すべての生徒がテストを受けなければならない。

---

126 □ **several**
[sévərəl]
セヴルる

形 いくつかの，数人［個］の
◇ **several** times
数回

---

127 □ **equal**
[íːkwəl] ア
イークワる

形 等しい, 平等な
◇ There are an **equal** number of boys and girls in this class.
このクラスの男子の数と女子の数は等しい。
動 ～に等しい

128 □ **another**
[ənʌ́ðər] ア
アナざ

形 もうひとつの, 別の
◇ Can I have **another** apple?
もうひとつリンゴをもらっていいですか。

» 時間を表す語（1）

129 □ **date**
[déit]
デイト

名 ① 日付
◇ What's the **date** today?
今日は何日ですか。
② デート

130 □ **tonight**
[tənáit]
トゥナイト

副 今夜は
◇ Are you free **tonight**?
今夜はおひまですか。
名 今夜

131 □ **midnight**
[mídnàit] ア
ミッドナイト

名 真夜中, 夜中の12時
◇ at **midnight**
真夜中に

132 □ **weekend**
[wíːkènd] ア
ウィーケンド

名 週末
◇ on the **weekend**
週末に

数量・まとまりを表す語（2）

133 □ **pair**
[péər]
ペア

名 （2つから成るものの）**1組, 1対**
◇ *a* **pair** *of* shoes　1足のくつ

15 **a pair of ... の表現**：scissors「はさみ」など2つの部分からできているもの，またはshoes「くつ」のように2つで1組となるものを表す。数を表す場合には，two pairs of ... のようにpair自体を複数にする。

---

134 □ **once**
[wʌ́ns]
ワンス

副 ① **1度, 1回**
◇ **once** a week　1週間に1度
② **かつて, 昔**

---

135 □ **twice**
[twáis]
トワイス

副 ① **2度, 2回**
◇ **twice** a day　1日に**2度**
② **2倍**

基本的な助動詞

136 □ **will**
[wíl]
ウィる

助 ① **～することになっている**
◇ She **will** be 18 next month.
彼女は来月18歳に**なる**。
② **～するつもりだ**
◇ I **will** do my best.
私は最善を尽くす**つもりだ**。
③《Will you *do*? で》**～してくれませんか**
◇ **Will** *you close* the door, please?
ドアを閉めて**くれませんか**。

---

137 □ **may**
[méi]
メイ

助 ① 〜してもよい
◇ You **may** go home now.
もう家に帰ってよろしい。
② 〜かもしれない
◇ His story **may** be true.
彼の話は本当かもしれない。

138 □ **must**
[mʌ́st]
マスト

助 ① 〜しなければならない
◇ I **must** finish my homework tonight.
私は今夜，宿題を終わらせなければならない。
② 〜に違いない
◇ He **must** be tired.
彼は疲れているに違いない。

139 □ **can**
[kǽn]
キぁン

助 ① 〜することができる
◇ He **can** speak English very well.
彼は英語をとても上手に話すことができる。
② 〜してもよい
◇ You **can** use this bicycle.
この自転車を使ってもよい。
③《cannot [can't] で》〜のはずがない
◇ The story **cannot** be true.
その話が本当のはずがない。

140 □ **shall**
[ʃǽl]
シぁる

助 ①《Shall I *do*? で》〜しましょうか
◇ **Shall** *I open* the window?
窓を開けましょうか。
②《Shall we *do*? で》いっしょに〜しましょうか

同異・難易

141 **same** [séim] セイム

形《the same で》同じ, **同種の** (⇔ different)
◇ Your computer is *the* **same** as mine.
君のコンピュータは私のものと**同じ**だ。
➡ at the **same** time 同時に

142 **different** [dífərənt] ディふァレント

形 ① 違った, **異なった** (⇔ same)
◇ a **different** way
違った方法
② 《複数名詞の前に置いて》**さまざまな, べつべつの** (= various)
⇨ difference 名 違い
⇨ differ 動 異なる

***be* different from ...** …とは違う (= differ from ...)
◇ My idea **is different from** yours.
僕の考えは君のもの**とは違っ**ている。

143 **difficult** [dífikʌ̀lt] ディふィカるト

形 難しい, **困難な** (⇔ easy)
◇ a **difficult** question
難問
⇨ difficulty 名 難しさ

144 **easy** [í:zi] イーズィ

形 ① 楽な, **簡単な** (⇔ difficult)
◇ **easy** work
楽な仕事
② **気楽な**

145 **real** [rí:əl] リーアる

形 ① **本物の**
◇ a **real** diamond
本物のダイヤモンド
② **現実の, 真実の**

146 □ **simple**
[símpl]
スィムプる

形 簡単な, 平易な（⇔ complex 複雑な）
◇ write in **simple** English
簡単な英語で書く

≫ 始まる・終わる

147 □ **start**
[stá:rt]
スタート

動 ① 始まる；～を始める
◇ The concert **starts** at seven.
コンサートは7時に始まる。
② 出発する

148 □ **begin**
[bigín]
ビギン

動 ～を始める；始まる <begin-began-begun>
◇ The baby **began** to cry.
その赤ちゃんは泣き始めた。

149 □ **finish**
[fíniʃ]
ふィニッシュ

動 ～を終える；終わる
◇ I **finished** reading the book.
私はその本を読み終えた。

150 □ **end**
[énd]
エンド

動 ～を終える；終わる
◇ He **ended** the party with a short speech.
彼は短いスピーチでパーティーを終えた。
名 ① 終わり；目的
② 端

基本動詞②

151 □ **come** <come-came-come>
[kʌ́m] [kéim]
カム ケイム

□ "Breakfast is ready." "I'm **coming**."
「朝食の用意ができましたよ」「今行きます」

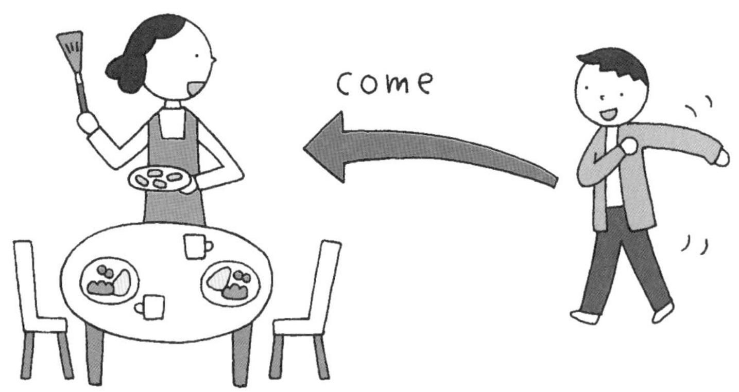

come は，話し手の方へ，または話題の中心となる方へ向かう動きを表す。
（→ 073 go とは対照的な動きである。）

基本的な使い方

《到来・出現》の意味を表す。

□ ① **Come** here quick!	すぐこっちに**来なさい**！
□ ② She **came** late.	彼女は遅れて**到着した**。
□ ③ We **come** here every summer.	私たちは毎年夏にここを**訪れる**。

□ ④ Spring has **come**.	春が**来た**。

151 の例文では，話題の中心となる，朝食の用意ができた場所へ向かうので，come が用いられている。

□ ⑤ Can Jim **come** too?	ジムも**行って**いいですか。

≫ come を使った熟語

come from ..., come across ..., come out, come down, come in, come along with ..., come up with ...

152 □ She **comes from** Texas.	彼女はテキサス州**の出身だ**。 → 161
153 □ I've never **come across** anyone like her.	これまで彼女のような人に**出会った**ことはない。
154 □ My cat **came out** of the basket.	私の猫は，かごから**出てきた**。
155 □ She was **coming down** the stairs.	彼女は階段**を降りてきて**いた。
156 □ May I **come in**?	**入って**もいいですか。
157 □ Would you like to **come along with** us?	私たち**といっしょに行き**ませんか。
158 □ She **came up with** a good idea.	彼女はいい考え**を思いついた**。

» 紹介する

Lisa: **Excuse me**, can I sit next to you?
Hiro: Sure, **go ahead**.
Lisa: Thanks, I'm Lisa.
Hiro: Hi, I'm Hiro.
Lisa: **Where are you from**, Hiro?
Hiro: I'm from Niigata.
Lisa: Oh really? I have a cousin in Niigata.

リサ：　**すみません**，隣に座っていいですか？
浩：　ええ，**どうぞ**。
リサ：　ありがとう。私，リサです。
浩：　やあ，ぼくは浩です。
リサ：　浩，**あなたはどこの出身ですか？**
浩：　ぼくは新潟出身です。
リサ：　本当に？　私は新潟にいとこがいるわ。

159 □ **Excuse me.** 　すみません。

16 **便利なexcuse：**Excuse me. は人に話しかけるときだけでなく，人にぶつかってしまい謝るときや，通る場所を空けて欲しいときなどにも使うことができる。

160 □ **go ahead** 　どうぞ

161 □ **Where are you from?** 　あなたはどこの出身ですか？

17 **出身地をたずねる：***be* from ... で「…出身である」という意味になる。→152 come from ...

B

Lisa: Anthony, **this is** my new friend Hiro.
Anthony: Hi, Hiro.
Hiro: Hi, Anthony.
Lisa: Anthony is studying Japanese art.
Hiro: **That sounds interesting!** Who is your favorite artist?
Anthony: **Well...** I like many of them.
Lisa: I like artists from the Edo period.

リサ：　アンソニー，**こちらは**私の新しい友人の浩**です**。
アンソニー：　こんにちは，浩。
浩：　こんにちは，アンソニー。
リサ：　アンソニーは日本美術について学んでいるの。
浩：　**それは興味深いね！**　あなたの好きな芸術家はだれですか？
アンソニー：　**うーん。**たくさんいるんだよね。
リサ：　私は江戸時代の芸術家が好きよ。

162 □ **this is ...**　（目の前にいる人を紹介して）**こちらは…です。**

18 **他人を紹介する：**紹介する人が間に立って，Ken, this is Mary.　Mary, this is Ken.　と続けて紹介することが多い。また，this is のあとに自分の名前を言う場合は，電話をかけるときに「私は～です」という表現になる。→Dialogue ④-A

163 □ **That sounds interesting!**　**それは興味深いね！**

164 □ **Well ...**　**うーん。**

19 **間をうめるためにはひとまず well：**Well ... は，ためらいや強調，話題の切りかえなどさまざまな表現に用いることができる。言うことにつまったとき，完全に沈黙するより，ひとまず **"Well ..."** とつぶやいておけば，会話の流れは続く。

Track No.22

数量を表す熟語

165	□ **a lot of ... / lots of ...**	(数・量が) たくさんの…, 多くの…
166	□ **a number of ...**	(数が) いくつかの…; 多数の…
167	□ **hundreds of ...**	何百もの…, 多数の…

20 数字を用いた表現: thousands of ... で,「多数の…, 何千もの…」という意味になる。また, hundreds and [of] thousands of ... で,「非常に多数の…, 無数の…, 何十万もの」といった意味になる。

時を表す熟語

168	□ **in time (for ...)**	(…に) 間に合って
169	□ **on time**	時間通りに
170	□ **at once**	すぐに, ただちに
171	□ **right away**	すぐに, ただちに (= at once, 《米》 right now)
172	□ **these days**	このごろ (は)
173	□ **in those days**	そのころは, 当時は

限定などを表す熟語

174	□ **at least**	少なくとも
175	□ **at most**	せいぜい

There were **a lot of** children playing in the park.	公園に**たくさんの**遊んでいる子どもがいた。
This plan has **a number of** problems.	この計画には**いくつかの**問題がある。
She saw **hundreds of** people around the stadium.	彼女は，競技場のまわりで**何百もの**人を見た。

Will we be **in time for** the last train?	私たちは最終電車**に間に合う**だろうか。
Did you get there **on time**?	**時間通りに**そこに着きましたか。
Go to bed **at once**.	**すぐに**寝なさい。
The concert will start **right away**.	コンサートは**すぐに**始まるだろう。
My parents don't go out **these days**.	私の両親は**このごろ**外出しない。
In those days, I was working as a cook.	**そのころは**，私はコックとして働いていた。

I have seen that movie **at least** five times.	私はその映画を**少なくとも**5回は見たことがある。
It will take **at most** ten minutes to get to the station.	駅までは**せいぜい**10分だろう。

≫顔と体：face and body

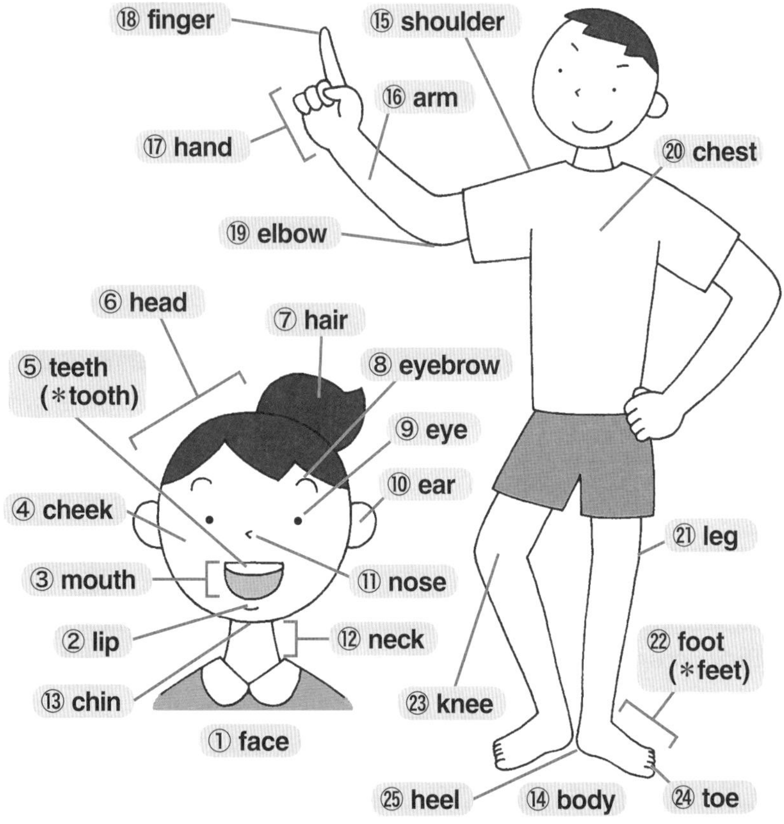

⑱ finger
⑮ shoulder
⑯ arm
⑰ hand
⑳ chest
⑲ elbow
⑥ head
⑦ hair
⑤ teeth (＊tooth)
⑧ eyebrow
⑨ eye
⑩ ear
④ cheek
⑪ nose
③ mouth
㉑ leg
② lip
⑫ neck
㉒ foot (＊feet)
⑬ chin
㉓ knee
① face
㉕ heel
⑭ body
㉔ toe

① [féis]（ふェイス）顔　② [líp]（りップ）くちびる　③ [máuθ]（マウす）口　④ [tʃí:k]（チーク）ほお　⑤ [tí:θ]（ティーす）歯＊（単）tooth [tú:θ]（トゥーす）⑥ [héd]（ヘッド）頭　⑦[héər]（ヘア）髪　⑧[áibrau]（アイブラウ）まゆ　⑨ [ái]（アイ）目　⑩ [íər]（イア）耳　⑪ [nóuz]（ノウズ）鼻　⑫ [nék]（ネック）首　⑬[tʃín]（チン）下あご　⑭ [bádi]（バディ）体　⑮ [ʃóuldər]（ショウるダ）肩　⑯[á:rm]（アーム）腕　⑰ [hǽnd]（ハぁンド）手　⑱ [fíŋgər]（ふィンガ）指　⑲[élbou]（エるボウ）ひじ　⑳[tʃést]（チェスト）胸　㉑ [lég]（れッグ）脚　㉒ [fút]（ふット）足＊（複）feet [fí:t]（ふィート）　㉓[ní:]（ニー）ひざ　㉔ [tóu]（トウ）足指　㉕ [hí:l]（ヒーる）かかと

Level 2

Database 1700

感情を表す形容詞

176 □ **happy** [hǽpi] ハぁピィ

形 うれしい, 楽しい, 幸せな (⇔unhappy)

◇ I'm so **happy** *to see* you.
あなたに会えてとてもうれしいです。

⇨ happiness 名 幸せ, 幸福, 喜び

---

177 □ **glad** [glǽd] グらぁッド

形 うれしく思う, 楽しい

◇ I'm **glad** *to hear* the news.
その知らせを聞いてうれしく思う。

21 **happy と glad**：happy も glad も人を主語にして I'm *happy[glad]* to *do*/that ... と言うことができる。しかし, glad は人の前に使うことができない。
○ a *happy* man
× a *glad* man

---

178 □ **sad** [sǽd] サぁッド

形 悲しい　⇨ sadness 名 悲しみ, 悲哀

◇ a **sad** movie
悲しい映画

---

179 □ **lonely** [lóunli] ろウンり

形 さびしい, 孤独な　⇨ loneliness 名 孤独

◇ feel **lonely**
さびしく思う

---

180 □ **alone** [əlóun] アろウン

形 ただひとりの

◇ I was **alone** at home then.
私はその時, 家でただひとりだった。

副 ひとりで

22 **lonely と alone**：さびしさ・孤独感を含む lonely と異なり, alone は必ずしもさびしいことを意味しない。

181 □ **angry**
[ǽŋgri]
あングリ

形 **腹を立てた, 怒った**
◇ She *got* **angry** *at* him.
彼女は彼に**腹を立てた**。
⇨ anger [ǽŋgər] あンガ 名 怒り

182 □ **sorry**
[sɑ́ri]
サリ

形 **すまなく思って, 気の毒で**
◇ I'*m* **sorry** *about* my mistake.
私は自分の間違いを**すまなく思っている**。

183 □ **afraid**
[əfréid]
アふレイド

形 **恐れて, 心配して**
◇ My mother *is* **afraid** *of* dogs.
私の母は犬を**恐れる**。

» 手を使う (2)

184 □ **hold**
[hóuld]
ホウるド

動 ① **〜を持つ, 〜をにぎる** <hold-held-held>
◇ Will you **hold** the bag for me?
私のかばんを**持って**もらえますか。
② (会など) **を開く, 催す**

185 □ **carry**
[kǽri]
キぁリ

動 ① **〜を運ぶ**
◇ I **carried** the box to my room.
私は自分の部屋にその箱を**運んだ**。
② **〜を持ち歩く**

186 □ **set**
[sét]
セット

動 ① **〜を置く, 〜を設定する** <set-set-set>
◇ Please **set** the dishes on the table.
テーブルにお皿を**置いて**ください。
② (太陽が) **沈む** (⇔rise)

植物・作物に関する語

187 □ **farm** [fá:rm] ふァーム
名 農場, 牧場　⇨farmer 名 農場主, 農家
◇ work on a **farm**
農場で働く

188 □ **crop** [kráp] クラップ
名 農作物；収穫高
◇ grow **crops**
農作物を育てる

189 □ **seed** [sí:d] スィード
名 (植物の) 種, 種子
◇ sunflower **seeds**
ひまわりの種

190 □ **grass** [grǽs] グラぁス
名 草；芝生
◇ a field of **grass**
草原

191 □ **branch** [brǽntʃ] ブラぁンチ
名 枝；支店
◇ birds on the **branches**
枝の上の鳥

192 □ **flower** [fláuər] 発 ふらウア
名 花
◇ a **flower** shop
花屋

193 □ **rose** [róuz] ロウズ
名 バラ (の花)
◇ a red **rose**
赤いバラ

194 □ **root** [rú:t] ルート
名 根
◇ **roots** of a tree
木の根

図・絵

195 □ **picture** [píktʃər] ピクチャ

名 **絵, 写真**
◇ a famous **picture** 有名な絵 [写真]
➡ take a **picture** 写真を撮る

---

196 □ **line** [láin] ライン

名 **線, 列**
◇ a straight **line**
直線

---

197 □ **draw** [drɔ́:] ドロー

動 (線で絵や図など) **を描く**, (線) **を引く**
<draw-drew-drawn>
◇ **draw** a map
地図を描く

---

198 □ **paint** [péint] ペイント

動 **～にペンキを塗る**, (絵の具で) **～を描く**
◇ **paint** the wall
壁にペンキを塗る
⇨ painting 名 絵画
⇨ painter 名 画家

---

199 □ **side** [sáid] サイド

名 **側, 側面, 面**
◇ the right **side** of the road
道路の右側

---

200 □ **part** [pá:rt] パート

名 ① **部分, 一部** (⇔ whole 全体)
◇ a central **part**
中心的な部分
② **役目, 役割**

---

201 □ **symbol** [símbəl] スィムブる

名 **象徴, シンボル**
◇ a **symbol** of peace
平和の象徴

» SVCで使われる動詞

202 □ **seem**
[síːm]
スィーム

動《seem (to *be*) ... で》…**のように思われる[見える]**
◇ The story **seems** (*to be*) true.
その話は本当**のように思われる**。

It seems that ... …のように思われる
◇ **It seems that** he is a nice boy.
彼はいい子**のように思われる**。
(＝He *seems to be* a nice boy.)

23 **SVCの文型**：〈主語(S)＋動詞(V)＋補語(C)〉という文型で，補語には「主語がどのような状態や性質であるか」を説明する，**名詞**または**形容詞**が用いられる。

---

203 □ **sound**
[sáund]
サウンド

動《形容詞が続いて》～**(のよう)に聞こえる**
◇ That **sounds** *nice*.
それはよさそうに**聞こえるね**。
名 **音**

---

204 □ **taste**
[téist]
テイスト

動 ①《形容詞が続いて》～**の味がする**
◇ This cake **tastes** *good*.
このケーキはいい**味がする**。
② **～の味を見る，～を試食する**
名 **味**

---

205 □ **smell**
[smél]
スメる

動 ①《形容詞が続いて》～**のにおいがする**
◇ This flower **smells** *sweet*.
この花は甘い**においがする**。
② **～のにおいをかぐ**
名 **におい**

---

206 □ **appear**
[əpíər] 発 ア
アピア

動 ①《形容詞が続いて》～のように見える
◇She **appears** *happy*.
彼女は幸せそうに見える。
② **現れる，出現する**（⇔ disappear 消える）
⇨ appearance 名 出現，外見

---

207 □ **remain**
[riméin]
リメイン

動 ① ～のままである
◇ All the students **remained** *silent*.
生徒全員が沈黙したままであった。
② **残っている**

≫ 基本的な行動

208 □ **try**
[trái]
トライ

動 ～をやってみる，**努力する**
◇ He **tried** *to open* the door, but couldn't.
彼はドアを開けようとしたが，できなかった。

---

209 □ **stay**
[stéi]
ステイ

動 とどまる，**滞在する**
◇ **stay** at home　家にとどまる

---

210 □ **eat**
[íːt]
イート

動 ～を食べる　<eat-ate-eaten>
◇ **eat** an apple　リンゴを食べる

---

211 □ **catch**
[kǽtʃ]
キぁッチ

動 ① ～をつかまえる，　<catch-caught-caught>
～をとらえる
◇ **catch** a fish　魚をつかまえる
➡ catch (a) **cold** かぜをひく
②（列車など）**に間に合う**

---

212 □ **touch**
[tʌ́tʃ]
タッチ

動 ～にさわる，～に触れる
◇ Don't **touch** the paintings.
絵にさわってはいけません。

時間を表す語 (2)

213 □ **moment**
[móumənt]
モウメント
名 瞬間, ちょっとの間
◇ at that **moment**
その瞬間

---

214 □ **second**
[sékənd]
セカンド
名 ① 秒
◇ about 30 **seconds**
約30秒
② 《a secondで》ちょっとの間
形 《the ～で》第2 [2番目] の

---

215 □ **minute**
[mínət] 発
ミニット
名 ① 分
◇ in a few **minutes**
数分で
② 《a minuteで》ちょっとの間

---

216 □ **hour**
[áuər] 発
アウア
名 1時間；時刻
◇ an **hour** later
1時間後

---

217 □ **century**
[séntʃəri]
センチュリ
名 世紀；100年
◇ in the 13th **century**
13世紀に

---

218 □ **age**
[éidʒ]
エイヂ
名 ① 年齢, 《at the age of ... で》…歳のときに
◇ *at the* **age** *of* five
5歳のときに
② 時代
⇨ aged 形 年老いた

---

219 □ **future**
[fjúːtʃər]
ふューチャ
名 将来, 未来
◇ in the near **future**
近い将来に

---

220 □ **past**
[pǽst]
パぁスト

名《the pastで》過去
◇in *the* **past**
過去に

221 □ **present**
[préznt]
プレズント

名①《the presentで》現在
◇for *the* **present**
現在のところは
②**贈り物**

222 □ **period**
[píəriəd] 発 ア
ピアリアド

名①期間
◇for a long **period**
長い期間
②《the periodで》**時代**
③(授業の)**時限**

》意志を表す語

223 □ **need**
[ní:d]
ニード

動～を必要とする
◇I **need** more time.
私にはもっと時間が必要だ。

224 □ **believe**
[bilí:v] 綴
ビリーヴ

動～を信じる，～と思う
◇I couldn't **believe** my eyes.
私は自分の目が信じられなかった。
⇨belief 名 信じること，信念
➡ **believe** in ... …の存在を信じる

225 □ **decide**
[disáid]
ディサイド

動《decide to *do*で》～することに決める
◇He **decided** *to be* a doctor.
彼は医者になることに決めた。
⇨decision 名 決定

» 問題・理由・正誤

226 □ **important**
[impɔ́ːrtənt]
イムポータント

形 重要な, 大切な　⇨importance 名 重要性
◇ an **important** meeting
重要な会議

---

227 □ **problem**
[prɑ́bləm] ア
プラブれム

名 問題, **課題**
◇ solve a **problem**
問題を解決する

---

228 □ **right**
[ráit]
ライト

形 ① 正しい (⇔wrong)
◇ You are **right**.
あなたは正しい。
② **右の** (⇔left)
副 ① **正しく, ちょうど**　② **右に**
名 ① **正しいこと**　② **右**　③ **権利**

---

229 □ **wrong**
[rɔ́ːŋ]
ローング

形 間違った；(道徳的に) **悪い**
◇ a **wrong** answer
間違った答え

---

230 □ **reason**
[ríːzn]
リーズン

名 理由
◇ for health **reasons**
健康上の理由で
⇨ reasonable 形 もっともな, (値段が) 手ごろな

---

231 □ **fact**
[fǽkt]
ふぁクト

名 事実
◇ know the **facts**
事実を知る

in fact　実は, **実際は**
◇ **In fact**, he is much older than you.
実は, 彼はあなたよりずっと年上だ。

---

232 □ **information**
[ìnfərméiʃən]
インふァメイション

名 情報
◇ more **information**
追加情報

24 **数えられない名詞①**：information, advice「助言」,furniture「家具」など，数えられない名詞を数える場合は，**a piece of ...** を用いる。
◆*a piece of* information
◆*two pieces of* furniture

233 □ **correct**
[kərékt]
コレクト

形 正しい（＝right）
◇ the **correct** answer
正解
動 **～を訂正する**
⇨ correctly 副 正しく，正確に

» 推測を表す副詞

234 □ **perhaps**
[pərhǽps] ア
パハぁップス

副 もしかすると，**ひょっとすると**
◇ **Perhaps** he will come.
もしかすると彼は来るでしょう。

235 □ **maybe**
[méibi]
メイビ

副 たぶん，**おそらく**
◇ **Maybe** I am wrong.
たぶん私が間違っている。

236 □ **probably**
[prábəbli] ア
プラバブり

副 おそらく，**十中八九は，たぶん**
◇ Their team will **probably** win the game.
おそらく彼らのチームが試合に勝つだろう。

25 **推測の「確実性」**：perhaps, maybe, probablyが表す，ものごとが起こる確実性の目安は，perhapsとmaybeが同じくらいで低く，probablyはそれらよりもかなり高い。

Level 1
Level 2
Level 3
Level 4
Level 5
Level 6

» 程度を表す語

237 □ **enough**
[inʌ́f] 発
イナふ

形 (数・量が) 十分な
◇ We have **enough** food for all of us.
私たちは全員に**十分な**食べ物がある。
副《形容詞・副詞のあとで》**十分に**

形容詞[副詞] + enough to *do*
～するのに十分な [に] …
◇ He is *old* **enough to** *drive*.
彼は運転**するのに十分な**年齢だ。

---

238 □ **plenty**
[plénti]
プれンティ

名《plenty of ... で》**たっぷりの…, たくさんの…**
◇ **plenty** *of* time
たっぷりの時間

26 **plenty of のあとには**：plenty of のあとには数えられる名詞も，数えられない名詞も続けることができる。
◆*plenty of* money / *plenty of* books

---

239 □ **quite**
[kwáit]
クワイト

副 ① **かなり**
◇ This question is **quite** easy.
この問題は**かなり**簡単だ。
② **まったく**

---

240 □ **nearly**
[níərli]
ニアり

副 **ほとんど, ほぼ**
◇ The cup is **nearly** empty.
そのカップは**ほとんど**からである。

241 □ **almost**
[ɔ́:lmoust]
オーるモウスト

副 ほとんど
◇ I'm **almost** ready.
ほとんど用意ができた。

27 **almostの用法**：almostは副詞であるため，名詞は修飾しない。たとえば，「ほとんどの人」という場合にalmostの使い方に注意すること。
×*almost* people
○*most* people / ○*almost all* the people

242 □ **especially**
[ispéʃəli] 発
イスペシャり

副 特に，とりわけ
◇ I like fruit, **especially** oranges.
私は果物が，**特に**オレンジが好きだ。

243 □ **rapidly**
[rǽpidli]
ラぁピドり

副 急速に，速く
◇ The world is changing **rapidly**.
世界は**急速に**変化している。
⇨ rapid 形 すばやい，急速な

» お金に関する語（1）

244 □ **expensive**
[ikspénsiv] ア
イクスペンスィヴ

形 高価な
◇ an **expensive** car
高価な車

245 □ **cheap**
[tʃí:p]
チープ

形（品物などが）安い，安っぽい
◇ **cheap** clothes
安い服

246 □ **pay**
[péi]
ペイ

動（代金など）を支払う <pay-paid-paid>
◇ **pay** five dollars
5ドル支払う
⇨ payment 名 支払い

基本動詞③

247 □ **give** <give-gave-given>

[gív] ギヴ　[géiv] ゲイヴ　[gívən] ギヴン

□ I **gave** him a ticket.
私は彼にチケットを**あげた**。

give は，自分のところにある何かを，見返りを求めずに相手に与えることを表す。

基本的な使い方

「相手」に「何か」を与えるという表現には，〈give +何か+ to +相手〉と〈give +相手+何か〉の2通りの表し方がある。

□ ① He **gave** the map *to* her.	彼は彼女に地図を**渡した**。
□ ② They **gave** the waiter a big tip.	彼らはウェイターにたくさんのチップを**あげた**。

与える「何か」は具体的なものではなく「行為」の場合もある。その場合，「その動作をする」という意味になる。また，「相手」はひとりではなく不特定多数の場合もある。

□ ③ He **gave** a *big shout.*	彼は**大声を上げた**。
□ ④ The sun **gives** us heat and light.	太陽は私たちに熱と光を**与え**てくれる。

» giveを使った熟語

give up, give back ～ , give in, give... a call, give a speech, give birth to...

248 □ My father **gave up** smoking.	私の父はたばこ**をやめた**。
249 □ I'll **give** the money **back** to you later.	あとで君にお金**を返す**よ。
250 □ She never **gives in** easily.	彼女は決して簡単に**降参し**ない。
251 □ **Give** me **a call** when you come home.	家に帰ったら私に**電話をして**。
252 □ I've never **given a speech** before.	私は今まで**スピーチをした**ことがない。
253 □ Sally **gave birth to** a boy last month.	サリーは先月男の子**を産ん**だ。

» 道順をたずねる・確認する

Lisa: Excuse me, **could you tell me the way to** the library?
Man: Sure. **Go down this street and** turn left at the stop sign.
Lisa: Turn left?
Man: Yes. Then walk for about three blocks and turn right.
Lisa: **Pardon me?** Three blocks and turn ...?
Man: Turn right. **You'll see it on your** left.
Lisa: OK. Thank you very much!
Man: You're welcome.

リサ： すみません，図書館**への道を教えていただけますか**？
男性： はい。**この道を行って**，止まれの標識のところを左に曲がってください。
リサ： 左ですか？
男性： そうです。そして 3 ブロックほど歩いて右に曲がってください。
リサ： **もういちど言っていただけますか？** 3 ブロックで曲がるのは…？
男性： 右に曲がってください。左手**側にあります**。
リサ： わかりました。ありがとうございました！
男性： どういたしまして。

254 □ **Could you tell me the way to ...?** …への道を教えていただけますか？

28 **道をたずねる：**例文は丁寧な聞き方だが，そのほかにもHow can I get to the library? や，単にWhere is the library? とたずねてもよい。

255 □ **Go down this street and ...** この道を行って…

256 □ **Pardon me?** もういちど言っていただけますか？

29 **聞き取れなかったところを確認する：**(I beg your) Pardon? や I'm sorry? などの表現もある。

257 □ **You'll see it on your[the] ...** …側にあります。

B

Peter: Mari, I have to go to Shibuya Station. **Which train should I take?**
Mari: Take the Yamanote line.
Peter: I'm in a hurry. **How long does it take?**
Mari: About 30 minutes.
Peter: Oh, no. I'll be late. Which platform is it?
Mari: Let me see. It's platform 3. **This way, I'll show you.**
Peter: Thank you!

ピーター： 真理，ぼくは渋谷駅に行かなければならないんだ。**どの電車に乗ればいい？**
真理： 山手線に乗るのよ。
ピーター： 急いでいるんだ。**どれくらい時間がかかる？**
真理： 30分くらいかな。
ピーター： しまった。遅刻する。何番線かな？
真理： ええと，3番線よ。**こっちよ，案内してあげる。**
ピーター： ありがとう！

258 □ **Which train should I take?** どの電車に乗ればいい？

30 **電車の乗り換え：**「A線に乗って，B駅でC線に乗り換える」という表現は，Take the A line and change to the C line at B Station. と表現する。

259 □ **How long does it take?** どれくらい時間がかかる？

260 □ **This way, I'll show you.** こっちよ，案内してあげる。

≫心の動き（2）

261 □ **forget**
[fərgét]
ふァゲット

動 ～を忘れる，～が思い出せない
<forget-forgot-forgotten[forgot]>

◇ **forget** *someone's* name
人の名前を忘れる

31 forget -ing と forget to *do*：forget -ing は「～したことを忘れる」の意味になり，forget to *do* は「～することを忘れる」の意味になる。

◆I'll never *forget meeting* her.
「彼女に会ったことは決して忘れない」

◆Don't *forget to meet* her.
「彼女に会うのを忘れないで」

---

262 □ **wish**
[wíʃ]
ウィッシュ

動 ① 願う，祈る

◇ **wish** *for* peace
平和を願う

②《仮定法を導いて》～であればいいと思う

◇I **wish** I *were* a bird.
私が鳥であればいいのに。

③《wish to *do* で》～したい

名 願い

◇ make a **wish**
願いごとをする

32 仮定法とは：事実に反することを表す表現。現在の事実に反することであれば過去形を用い，過去の事実に反することであれば過去完了形を用いる。

◆I *wish* I *had studied* harder in my youth.
「若いころにもっと勉強しておけばよかった」

263 □ **mind**
[máind]
マインド

動 ①《疑問文・否定文で》～をいやがる，～を気にする
◇ Would you **mind** *opening* the window?
窓を開けてくれませんか。
②《通常命令文で》～に注意する，～に用心する
◇ **Mind** your manners.
マナーに注意しなさい。
名 心，精神

33 **Would[Do] you mind -ing?の表現**：「～してくれませんか」という表現だが，もとは「あなたは～をいやがりますか」という意味なので，「いいですよ(いやがりません)」と返答する場合には否定形を用いる。
◆ *Do you mind closing* the door?
— *Not at all.*
「ドアを閉めてもらえませんか」「いいですよ」

264 □ **care**
[kéər]
ケア

動 気にする，気にかける
◇ I don't **care**.
私は気にしない。
名 世話；注意

take care of ... …の世話をする
◇ The boy **took care of** the dog.
少年はその犬の世話をした。

265 □ **certain**
[sə́ːrtən] 発
サ～トン

形 確信している，確かである
◇ I am **certain** that he will win.
私は彼が勝つと確信している。
⇨ certainly 副 確かに，もちろん

対にして覚える動詞

266 □ **lose**
[lú:z] 発
るーズ

動 ①（試合など）～に**負ける** <lose-lost-lost>
◇ **lose** the game　試合に負ける
② ～をなくす，**失う**（⇔ find）
◇ **lose** a key　鍵をなくす
⇨ loss 名 喪失，損失

---

267 □ **win**
[wín]
ウィン

動 ①（試合など）～に**勝つ** <win-won-won>
◇ **win** a race　レースに勝つ
② **～を獲得する**

---

268 □ **increase**
[inkrí:s] 発 ア
インクリース

動 ～を**増やす**；**増える**
◇ **increase** the number of people
人の数を増やす

---

269 □ **decrease**
[dì:krí:s] 発 ア
ディクリース

動 ～を**減らす**；**減る**
◇ **decrease** accidents　事故を減らす

---

270 □ **send**
[sénd]
センド

動 ～を**送る** <send-sent-sent>
◇ **send** a birthday card
誕生日カードを送る

---

271 □ **receive**
[risí:v] 綴
リスィーヴ

動 ～を**受け取る**
◇ **receive** a letter　手紙を受け取る

---

272 □ **pull**
[púl]
プる

動 ～を**引く**
◇ **pull** the rope　ロープを引く

---

273 □ **push**
[púʃ]
プッシュ

動 ～を**押す**
◇ **push** the button　ボタンを押す

274 □ **break**
[bréik]
ブレイク

動 ～を壊す；**壊れる** <break broke-broken>
◇ **break** a machine　機械を壊す
➡ **break** a promise 約束を破る
名 **休憩**
➡ have a **break** ひと休みする

275 □ **build**
[bíld] 発 綴
ビるド

動 ～を建てる <build-built-built>
◇ **build** a house　家を建てる
⇨ building 名 建物

» 心の動き（3）

276 □ **challenge**
[tʃǽlindʒ] ア
チぁりンヂ

名 挑戦，**課題**
◇ take on a **challenge**　挑戦する
動 **～に挑戦する**

277 □ **interest**
[íntərəst] ア
インタレスト

名 興味，**関心**
◇ an **interest** *in* music　音楽への興味
動 **～に興味を持たせる**
⇨ interesting 形 興味深い，おもしろい
⇨ interested 形 興味を持った
➡ *be* **interested** in ... …に興味のある

278 □ **wonder**
[wʌ́ndər]
ワンダ

動 ～かなと思う，**不思議に思う**
◇ I **wonder** *if* it will rain.　雨が降るかな。
名 **驚き**
⇨ wonderful 形 すばらしい，不思議な

» 対にして覚える形容詞／副詞

279 □ **close**
[klóus] 発
クろウス
→ 067

形 ① **近い，接近した**
◇ **close** to the station　駅に**近い**
② **親しい**
◇ a **close** friend　**親友**

---

280 □ **far**
[fá:*r*]
ふァー

形 **遠い，離れた**
◇ a **far** country　**遠い**国
副 ① **遠くに**
◇ **far** away　**遠く**離れて
② (程度が) **はるかに**

> **34 farの比較変化：**
> ・主に距離を表す場合　<far-farther-farthest>
> ・主に程度・時間・範囲を表す場合
> <far-further-furthest>

---

281 □ **full**
[fúl]
ふる

形 ① **いっぱいの**
➡ *be* **full** of ... …でいっぱいである
◇ The bus *was* **full** *of* students.
そのバスは学生で**いっぱい**だった。
② **完全な**

---

282 □ **empty**
[émpti]
エムプティ

形 **からの**
◇ an **empty** box　**からの**箱

---

283 □ **hard**
[há:*r*d]
ハード

形 ① **かたい**
◇ the **hard** ground　**かたい**地面
② **難しい，困難な**

---

284 □ **soft**
[sɔ́:ft]
ソーふト

形 **やわらかい**
◇ a **soft** bed　**やわらかい**ベッド

285 □ **strong**
[strɔ́ːŋ]
スト**ロ**ーング

形 強い
◇ **strong** arms　強い腕
⇨ strength 名 力, 強さ

286 □ **weak**
[wíːk] 発
ウィーク

形 弱い
◇ a **weak** player
弱い選手

287 □ **able**
[éibl]
エイブる

形《*be* able to *do*で》～することができる
◇ He *is* **able** *to speak* three languages.
彼は3か国語を話す**ことができる**。
⇨ ability 名 能力

288 □ **unable**
[ʌnéibl]
ア**ネ**イブる

形《*be* unable to *do*で》～することができない
◇ I *was* **unable** *to sleep* well last night.
私は昨夜よく眠る**ことができなかった**。

289 □ **possible**
[pásəbl] ア
パスィブる

形 可能な, ありえる
◇ Is it **possible** to get tickets for the game?
その試合のチケットを手に入れることは**可能**ですか。
⇨ possibility 名 可能性
➡ as soon as **possible** できるだけ早く

290 □ **impossible**
[impásəbl]
イム**パ**スィブる

形 無理な, 不可能な, ありえない
◇ That's **impossible**.
それは**無理**だ。

接続詞・前置詞

291 □ **if**
[íf]
イふ

接 ① もし～ならば《条件を表す副詞節を導いて》
◇ **If** it *rains* tomorrow, I will stay here.
もし明日雨が降れ**ば**，ここにいます。
② ～かどうか《名詞節を導いて》
◇ I don't know **if** he *will* come tomorrow.
彼が明日来る**かどうか**わかりません。

> **35** **ifの導く節**：「もし～ならば」といった〈条件〉を表す副詞節である場合，未来のことであっても現在形で表現する（例文①）。一方で，「～かどうか」と目的語となる名詞節である場合はwillなどの未来を表す表現を用いる（例文②）。

---

292 □ **because**
[bikɔ́:z]
ビコーズ

接 ～だから，～なので
◇ We couldn't go out **because** it was snowing.
雪が降っていた**から**，私たちは外出できなかった。

> **36** **because of のあとには**：because of ... は「…のために」という意味。前置詞扱いなので，あとには名詞や名詞句が続く。
> ◆ We couldn't go out because of *the snow*.

---

293 □ **while**
[*h*wáil]
ワイる

接 ～している間に
◇ My father came home **while** I was watching TV.
テレビを見てい**る間に**，私の父が帰ってきた。

---

294 □ **whether**
[*h*wéðə*r*]
ウェざ

接 ～かどうか《名詞節を導いて》（≒ if）
◇ I am not sure **whether** he will come.
彼が来る**かどうか**はっきりはわからない。

295 □ **though**
[ðóu]
ぞウ

接 ～だけれども（＝although）
◇ **Though** I felt sick, I went to the party.
私は気分が悪かった**けれども**，パーティーに行った。

296 □ **since**
[síns]
スィンス

接 ① **～してから，～して以来**《完了形の文で用いられる》
◇ We *have been* friends **since** high school.
高校時代**から**，私たちはずっと友だちだ。
② **～だから，～なので**
◇ **Since** she was ill, she couldn't go out.
病気だった**から**，彼女は外出できなかった。

297 □ **unless**
[ənlés] ア
アン**れ**ス

接 **もし～でなければ，～でないかぎり**
◇ I won't tell him **unless** you tell me to.
もしあなたが言えと言わ**なければ**，彼に言うつもりはありません。

298 □ **except**
[iksépt] 発 ア
イク**セ**プト

前 **～を除いて，～以外は**
◇ We work every day **except** Sunday.
私たちは日曜日**を除いて**毎日働く。

» 言語活動（1）

299 □ **lie**
[lái]
らイ
→ 540

動 **うそをつく** <lie-lied-lied>
◇ He **lied** *to* me.　彼は私に**うそをついた**。
名 **うそ**
◇ tell a **lie**　**うそ**をつく

300 □ **thank**
[θǽŋk]
さぁンク

動 **～に礼を言う，～に感謝する**
◇ I forgot to **thank** her.
彼女に**お礼を言う**のを忘れた。
⇨ thankful 形 感謝している

» お金に関する語 (2)

301 □ **spend**
[spénd]
スペンド

動 ① (お金) **を使う** <spend-spent-spent>
◇ **spend** all the money　すべてのお金を使う
② (時間) **を費やす**

---

302 □ **price**
[práis]
プライス

名 **値段, 価格**
◇ at a low **price**　安値で

37 **値段の高い・安い：price** の場合, 値段の高い・安いを表す場合は high/low を用いる。
× a *cheap* price
cost「費用・価格」, fare「運賃」, charge「使用料」などについても同じである。

---

303 □ **cost**
[kɔ́:st]
コースト

名 **費用, 価格**
◇ the **cost** of living　生活費
動 (費用) **がかかる** <cost-cost-cost>
◇ The dress **costs** 200 dollars.
その服は200ドル**かかる**。

---

304 □ **business**
[bíznəs]
ビズネス

名 **仕事, 職業, 商売**
◇ on **business**　仕事で

---

305 □ **bill**
[bíl]
ビる

名 ① **勘定 (書), 請求書**
◇ pay a **bill**　勘定を払う
② **紙幣**

---

306 □ **fare**
[féər]
ふェア

名 (乗り物の) **料金, 運賃**
◇ a bus **fare**　バス料金

---

307 □ **charge**
[tʃɑ́:rdʒ]
チャーヂ

名 (サービスに対する) **料金, 使用料**
◇ telephone **charges**　電話代

» 言語活動（2）

308 □ **explain**
[ikspléin] ア
イクスプ**れ**イン

動 ～を説明する
◇ **explain** the fact　事実を説明する
⇨ explanation 名 説明

309 □ **agree**
[əgríː] ア
アグ**リー**

動 同意する，意見が一致する
◇ I **agree** *with* you.
あなたに同意する。
⇨ agreement 名 同意

38 **agreeの前置詞**：人に同意する場合，agree with〈人〉を用いる．提案などに同意する場合は，agree to〈提案〉を用いる。
◆I *agree with* him.「彼に同意する」
◆I *agree to* his plan.「彼の計画に同意する」

310 □ **report**
[ripɔ́ːrt] ア
リ**ポー**ト

動 ～を報告する，～を報道する
◇ **report** the news
ニュースを報告する
名 報告（書），報道

311 □ **accept**
[əksépt] 発 ア
アク**セ**プト

動 ～を受け取る；～を受け入れる
（⇔refuse ～を拒む）
◇ **accept** a gift　贈り物を受け取る
⇨ acceptance 名 受け入れ，受諾

312 □ **introduce**
[intrədjúːs] ア
イントロ**デュー**ス

動 ① ～を紹介する　⇨ introduction 名 紹介
◇ She **introduced** me *to* her friends.
彼女は私を友人に紹介してくれた。
② ～を導入する

» 移動を表す語（2）

313 □ **follow**
[fálou] 発
ふァろウ

動 ① ～について行く，～に続く
◇ **follow** the guide　ガイドについて行く
② （指示や忠告）**に従う**

314 □ **arrive**
[əráiv]
アライヴ

動《arrive at ... で》…に着く
◇ **arrive** *at* the station　駅に着く
⇨ arrival 名 到着

315 □ **reach**
[ríːtʃ]
リーチ

動 ～に着く，～へ到着する
◇ **reach** London at 8:30
ロンドンに8時半に着く

39 **arriveとreach**：arriveとreachは同じような意味を表しながらも，用法に違いがある。「…に着く」という場合，arriveには到着地の前にatなどの前置詞が必要となり，reachはそのまま到着地を目的語としてとる。

316 □ **enter**
[éntər]
エンタ

動 ～に入る；～に入学する
◇ **enter** the room　部屋に入る
⇨ entrance 名 入り口

317 □ **approach**
[əpróutʃ] 発 ア
アプロウチ

動 ～に近づく
◇ **approach** the house　家に近づく
名 **取り組み方；接近**

318 □ **fall**
[fɔ́ːl]
ふォーる

動 ① **落ちる**　<fall-fell-fallen>
◇ **fall** *into* a hole　穴の中に落ちる
② **倒れる**
➡ **fall** ill 病気になる
名 **秋**（＝autumn）；**落下**

319 □ **pass** [pǽs] パぁス

動 ① ～を手渡す
◇ **pass** the salt　塩を手渡す
② 経過する　③ ～を通り過ぎる
④ 合格する

320 □ **step** [stép] ステップ

動 踏む, 歩を進める
◇ **step** *on one's* foot　足を踏む
名 一歩；歩み；段, 階段
➡ **step** by **step**　一歩一歩

321 □ **flow** [flóu] ふろウ

動 (液体・気体が) 流れる
◇ the river **flows**　川が流れる
名 流れ

» お金に関する語 (3)

322 □ **fund** [fʌ́nd] ふァンド

名 資金, 基金
◇ **funds** for research　研究のための資金

323 □ **tax** [tǽks] タぁクス

名 税金, 税
◇ high **taxes**　高い税金

324 □ **earn** [ə́ːrn] 発 ア～ン

動 ～をかせぐ, ～を得る
◇ **earn** money　お金をかせぐ

325 □ **waste** [wéist] ウェイスト

動 ～を無駄に使う
◇ **waste** time　時間を無駄に使う
名 ① 浪費
② ごみ, 廃棄物

基本動詞④

326 □ **get** <get-got-got / gotten>

[gét] [gát] [gátən]
ゲット ガット ガトン

□ She **got** a new bag.
彼女は新しいかばんを**買った**。

get は，何かを手に入れるということを表す。

基本的な使い方

「努力して何かを手に入れる」（①，②）ほかに，「意図しないで何かを手に入れる」（③，④）という意味もある。

□ ① She **got** the information from the Internet.	彼女はインターネットから情報を**得た**。
□ ② I **got** my driver's license last year.	私は去年運転免許を**取った**。
□ ③ I **got** a call from him this morning.	今朝彼から電話を**受けた**。

□ ④ Do you **get** much rain here?	ここは雨が多く**降り**ますか。

手に入るものが「状態」の場合，「ある状態になること」を意味する。

□ ⑤ He has **gotten** *old.*	彼は**年をとった**。
□ ⑥ She **got** *angry* at me.	彼女は私に対して**腹を立てた**。
□ ⑦ He **got** *sick.*	彼は**病気になった**。

» getを使った熟語

get up, get out, get on, get away from ..., get along, get well

327	□ I usually **get up** at seven.	私はたいてい7時に**起きる**。
328	□ They **got out** *of* the car.	彼らは車から**降りた**。
329	□ The kids **got on** the school bus.	子どもたちはスクールバスに**乗った**。

注 get in / get out (of) は中が狭い乗り物に対して，get on / get off は中が広い乗り物に対して用いられる。

330	□ They **got away from** the police.	彼らは警察**から逃げた**。
331	□ I'm **getting along** with Judy very well.	私はジュディととても**うまくやっている**。
332	□ We all hope that you **get well** soon.	私たちはみんな，あなたがすぐに**よくなる**ことを願っています。

A Track No.40

電話での会話

A

Mrs. Ford: Hello?
Mari: Hello? Mrs. Ford? This is Mari. **May I speak to** Peter, please?
Mrs. Ford: Sure, Mari. **Hold on, please.**
Mari: Thank you.
Peter: Hello?
Mari: Hi Peter. It's Mari. **Can I ask you a favor?**
Peter: Sure. What is it?
Mari: Could you help me with my history homework today?

フォード夫人： もしもし？
真理： もしもし？ フォードさんですか？ 私は真理です。**ピーターをお願いできますか？**
フォード夫人： ええ，真理。ちょっと**お待ちください。**
真理： ありがとうございます。
ピーター： もしもし？
真理： こんにちは，ピーター。真理です。**お願いをしてもいい？**
ピーター： いいよ，なんだい？
真理： 今日，私の歴史の宿題を手伝ってもらえない？

333 □ **May I speak to ...?** …さんをお願いできますか？

> **40** **本人が出たときは？**：上のように言われて電話口に出たのが本人の場合は，Speaking.「私です」と言う。

334 □ **Hold on, please.** （電話を切らずに）お待ちください。

> **41** **間違い電話だった場合には？**：間違い電話への応対には，You have the wrong number.「番号をお間違えです」と言う。

335 □ **Can I ask you a favor?** お願いをしてもいい？

B

Receptionist: Good afternoon.
Brian: Hi, may I speak to Roy Jones, please?
Receptionist: **I'm sorry,** Roy is not in the office at the moment. **May I take a message?**
Brian: Yes. Could you tell him that I called?
Receptionist: Sure. **May I have your name, please?**
Brian: Smith, Brian Smith.
Receptionist: Brian Smith. OK. Have a nice day.
Brian: Thank you very much. Bye.

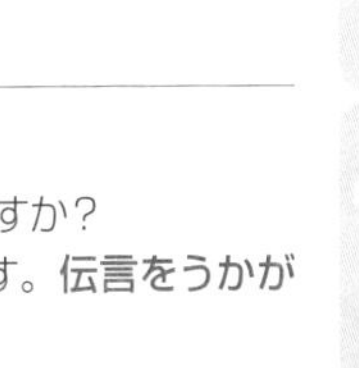

受付：　こんにちは。
ブライアン：　こんにちは，ロイ・ジョーンズ氏をお願いできますか？
受付：　**申し訳ございません，**ロイはただいま外出中です。**伝言をうかがいましょうか？**
ブライアン：　ええ。私が電話をしたことを伝えていただけますか？
受付：　かしこまりました。**お名前をいただけますか？**
ブライアン：　スミスです。ブライアン・スミスです。
受付：　ブライアン・スミス様。わかりました。それではよい1日を。
ブライアン：　ありがとうございます。失礼します。

336 ☐ **I'm sorry.** 申し訳ございません。

42 **I'm sorry. の用法:**「ごめんなさい」だけではなく,「申し訳ございません」や,「お気の毒です」「残念です」と言う場合にも用いる。

337 ☐ **May I take a message?** 伝言をうかがいましょうか？

43 **伝言がないときは？：**特に伝言を希望しない場合は, That's OK. I'll call again later.「結構です。またあとでかけます」と言う。

338 ☐ **May I have your name, please?** お名前をいただけますか？

例示などを表す熟語

339	□ **a kind of ...**	…の一種；…のようなもの
340	□ **for example**	たとえば
341	□ **in fact**	実際は，実は
342	□ **in other words**	言いかえれば

場所を表す熟語

343	□ **in front of ...**	…の前に，…の正面に
344	□ **in the middle of ...**	…の真ん中に，…の中央に；…の最中に
345	□ **next to ...**	…のとなりに

基本動詞句①

346	□ **hear from ...**	…から連絡［便り］をもらう
347	□ **hear of ...**	…のことを耳にする，…のうわさを聞く
348	□ **look for ...**	…を探す，…を求める
349	□ **look up**	（辞書などで語など）を調べる；見上げる

Hide-and-seek is **a kind of** game.	かくれんぼはゲーム**の一種**です。
Our store has many foreign goods. These bags, **for example**, are made in Italy.	当店には多くの外国の商品があります。**たとえば**，これらのかばんはイタリア製です。
He said the test was easy, but **in fact** it was very difficult.	彼はテストは簡単だと言っていたが，**実際は**とても難しかった。
We missed the last train. **In other words**, we have to walk there.	最終電車に乗り遅れた。**言いかえれば**，私たちはそこへ歩いて行かなければならないということだ。

The car stopped **in front of** my house.	その車は私の家**の前に**止まった。
She sat **in the middle of** my room.	彼女は私の部屋**の真ん中に**座った。
I sat **next to** him on the bus.	バスの中で私は彼**のとなりに**座った。

We haven't **heard from** Jim for two years.	2年間ジム**から連絡をもらって**いない。
I've never **heard of** that musician.	私はその音楽家**のことを耳にし**たことがない。
I'm **looking for** a gift for my friend.	私は友人にあげる贈り物**を探し**ている。
I'll **look up** this word in the dictionary.	私はこの単語を辞書で**調べて**みるよ。

身につけるもの：clothing

① hat
② scarf
③ handkerchief
④ belt
⑤ dress
⑥ shirt
⑦ tie
⑧ coat
⑨ button
⑩ pants
⑪ shoes
⑫ glasses
⑬ sweater
⑭ gloves
⑮ skirt
⑯ boots
⑰ cap
⑱ pocket
⑲ socks
⑳ T-shirt
㉑ jacket
㉒ jeans
㉓ sneakers

① [hǽt]（ハぁット）（ふちのある）ぼうし　② [skɑ́ːrf]（スカーふ）スカーフ　③ [hǽŋkərtʃif]（ハぁンカチふ）ハンカチ　④ [bélt]（べるト）ベルト　⑤ [drés]（ドレス）ドレス　⑥ [ʃə́ːrt]（シャ〜ト）シャツ　⑦ [tái]（タイ）ネクタイ　⑧ [kóut]（コウト）コート　⑨ [bʌ́tən]（バトン）ボタン　⑩ [pǽnts]（パぁンツ）ズボン　⑪ [ʃúːz]（シューズ）靴　⑫ [glǽsiz]（グらぁスィズ）めがね　⑬ [swétər]（スウェタ）セーター　⑭ [glʌ́vz]（グらヴズ）手袋　⑮ [skə́ːrt]（スカ〜ト）スカート　⑯ [búːts]（ブーツ）ブーツ　⑰ [kǽp]（キぁップ）（ふちのない）ぼうし　⑱ [pɑ́kət]（パキト）ポケット　⑲ [sɑ́ks]（ソックス）靴下　⑳ [tíːʃə̀ːrt]（ティーシャ〜ト）Tシャツ　㉑ [dʒǽkit]（ヂぁキト）ジャケット　㉒ [dʒíːnz]（ヂーンズ）ジーンズ　㉓ [sníːkərz]（スニーカズ）スニーカー

Level 3

Database

1700

» 生産的な活動

350 □ **create**
[kriéit] 発
クリエイト

動 ～を創作する；～を創造する
◇ **create** a story
物語を**創作する**
⇨ creation 名 創造；創作
⇨ creative 形 創造的な

---

351 □ **act**
[ǽkt]
あクト

動 ① ふるまう；行動する
◇ **act** like a child
子どものように**ふるまう**
② 演じる
名 行為，行い
⇨ action 名 行動　⇨ activity 名 活動
⇨ actor 名 俳優

---

352 □ **add**
[ǽd]
あッド

動 ～を加える，～を足す
◇ **add** a little salt *to* the soup
塩を少しスープに**加える**
⇨ addition 名 加えること，足し算

---

353 □ **discover**
[diskʌ́vər] ア
ディスカヴァ

動 ～を発見する
◇ **discover** a new star
新しい星を**発見する**
⇨ discovery 名 発見

» 学問に関する語（1）

354 □ **subject**
[sʌ́bdʒekt] ア
サブヂェクト

名 ① 科目
◇ *one's* favorite **subject**
好きな**科目**
② 主題

---

355 **art**
[ɑ́ːrt]
アート

名 **芸術, 美術**
◇ a work of **art**
芸術作品
⇨ artist 名 芸術家, 画家

356 **law**
[lɔ́ː]
ろー

名 **法律, 法**
◇ follow the **law**
法律を守る
⇨ lawyer 名 法律家, 弁護士
➡ break the **law** 法律を犯す

357 **science**
[sáiəns] 綴
サイアンス

名 **科学, 理科**
◇ study **science**
科学を勉強する
⇨ scientific 形 科学的な

358 **culture**
[kʌ́ltʃər]
カるチャ

名 ① **文化；文化圏**
◇ Japanese **culture**
日本**文化**
② **教養**
⇨ cultural 形 文化的な

359 **figure**
[fígjər] 発
ふィギャ

名 ① **図形**
◇ See **figure** 3.
図3を参照。
② **数字**　③ (人 [物] の) **姿**

360 **history**
[hístəri]
ヒストリ

名 **歴史**
◇ the **history** of China
中国の**歴史**
⇨ historic 形 歴史上重要な
⇨ historical 形 歴史に関する

自然に関する語

361 **nature** [néitʃər] ネイチャ

名 ① 自然
◇ the laws of **nature**
自然の法則
② **性質**
⇨ natural 形 自然の，生まれつきの
⇨ naturally 副 自然に，生まれつき，当然

---

362 **air** [éər] エア

名 ① **空気，大気**
◇ fresh **air**
新鮮な**空気**
② 《the air で》空
◇ high in *the* **air**
空高く

---

363 **wind** [wínd] ウィンド

名 風
◇ the sound of the **wind**
風の音
⇨ windy 形 風の強い

---

364 **tree** [tríː] トリー

名 木，**樹木**
◇ a peach **tree**
桃の木

---

365 **plant** [plǽnt] プらぁント

名 ① **植物，草木**
◇ grow **plants**
植物を育てる
② **工場**
動 (木など) **を植える**
◇ **plant** a flower
花**を植える**

366 □ **fire**
[fáiər]
ふァイア

名 ① 火
◇ start a **fire**
火を起こす
② **火事**
動 ①～を燃やす ②～を発射する

367 □ **space**
[spéis]
スペイス

名 ① 宇宙
◇ **space** station
宇宙ステーション
② 場所, **空間**
◇ a parking **space**
駐車場所

368 □ **energy**
[énərdʒi] 発 ア
エナヂ

名 ① エネルギー
◇ wind **energy**
風力エネルギー
② **活力, 精力**

44 注意すべきカタカナ語：日本語の「エネルギー」が，英語ではenergyであるように，日本語として使われているカタカナ語の中に英語とは少しだけ異なるものがあるので注意が必要。「クラシック音楽」はclassical music，「(駅の) ホーム」はplatform，「アパート」は，apartmentである。

369 □ **sunshine**
[sʌ́nʃàin]
サンシャイン

名 日ざし, **日光**
◇ in the **sunshine**
日ざしの中で

370 □ **horizon**
[həráizn] 発 ア
ホライズン

名 地平線, **水平線**
◇ on the **horizon**
地平線 [水平線] 上に

≫社会に関する語（1）

371 □ **government** [gʌ́vərnmənt] ガヴァンメント
名 政府；政治
◇ the Japanese **government**　日本政府
⇨ govern 動 ～を統治する

372 □ **national** [nǽʃənəl] ナぁショヌる
形 国の，国立の，国民の
◇ the **national** flag　国旗
⇨ nation 名 国家，国民

373 □ **social** [sóuʃəl] ソウシャる
形 ① 社会の，社会的な
◇ **social** studies　社会科
② 社交的な

374 □ **society** [səsáiəti] ソサイアティ
名 社会，世間；社交界
◇ American **society**　アメリカ社会

375 □ **state** [stéit] ステイト
名 ① 国家（≒country）；（米国などの）州
◇ a member **state**　加盟国
② 状態

376 □ **case** [kéis] ケイス
名 ① 事例，場合；事件
◇ a special **case**　特別な事例
② 箱，ケース

377 □ **neighbor** [néibər] 発 綴 ネイバ
名 隣人，近所の人，隣国
◇ She is my **neighbor**.　彼女は私の隣人だ。
⇨ neighborhood 名 近所；近所の人びと

378 □ **citizen** [sítəzən] スィティズン
名 国民，市民
◇ a U.S. **citizen**　アメリカ合衆国国民

379 □ **war**
[wɔ́ːr]
ウォー

名 戦争, 戦い
◇ be at **war** 戦争状態である

380 □ **peace**
[píːs]
ピース

名 平和
◇ live in **peace** 平和に暮らす

» 人を表す語（2）

381 □ **sir**
[sə́ːr]
サ～

名 お客様, 先生, あなた様
◇ Can I help you, **sir**?
いらっしゃいませ, **お客様**。

382 □ **madam**
[mǽdəm]
マぁダム

名 奥様, お嬢様, 先生（＝ma'am）
◇ Good morning, **madam**.
おはようございます, **奥様**。

45 **sir と madam**：sir は男性に対する敬意を込めた呼びかけで, 店員が客に対して, また目上の相手や見知らぬ相手に対して用いられる。女性に対しては madam が用いられる。いずれも, 特に日本語には訳さないことが多い。

383 □ **lady**
[léidi]
れイディ

名 女性, 婦人　（複）ladies
◇ a **lady** with a white hat
白いぼうしをかぶった**女性**

384 □ **gentleman**
[dʒéntəlmən]
チェントるマン

名 紳士, 男性　（複）gentlemen
◇ a real **gentleman** 本物の紳士

46 **Ladies and gentlemen!**：演説などで聴衆に対して呼びかける最も一般的な言葉。古風な日本語に訳すと,「紳士淑女の皆さん！」といったところである。

» 日常の動作

385 □ **rest**
[rést]
レスト

動 休む
◇ **rest** for a while
しばらく**休む**

名 ① **休憩，休息**
◇ take a **rest**
休憩をとる
②《the rest で》**残り**
◇ *the* **rest** of the pizza
ピザの**残り**

---

386 □ **drink**
[dríŋk]
ドリンク

動 **～を飲む** <drink-drank-drunk>
◇ something to **drink**
何か**飲む**物

---

387 □ **sleep**
[slí:p]
スリープ

動 **眠る，寝る** <sleep-slept-slept>
◇ **sleep** well
ぐっすり**眠る**
⇨ sleepy 形 眠そうな，眠い

---

388 □ **wear**
[wéər]
ウェア

動 **～を着ている，～を身につけている**
<wear-wore-worn>
◇ **wear** a T-shirt
Tシャツを**着ている**
➡ put on ... …を身につける

名 **衣類**

47 **応用範囲の広いwear**：日本語では着用するものによって動詞が変わるが，英語ではほぼwearで表現することができる。
◆ *wear* glasses「メガネをかけている」, *wear* a watch「時計をつけている」, *wear* a hat「ぼうしをかぶっている」, *wear* a tie「ネクタイをしめている」

---

389 □ **teach**
[tíːtʃ]
ティーチ

動 〜を教える　<teach-taught taught>
◇ **teach** English　英語を教える

390 □ **pour**
[pɔ́ːr] 発
ポー

動 〜を注ぐ
◇ **pour** water *into* a glass
コップに水を注ぐ

391 □ **cover**
[kʌ́vər]
カヴァ

動 〜をおおう，〜にわたる
➡ *be* **covered** with ...　…でおおわれている
◇ The mountain *was* **covered** *with* snow.
その山は雪でおおわれていた。
⇨ recover 動 〜を取り戻す，回復する
名 表紙，おおい

392 □ **fix**
[fíks]
ふィックス

動 ① 〜を修理する
◇ **fix** a bicycle　自転車を修理する
② 〜を固定する
③ (場所など)を決定する

393 □ **hurry**
[hə́ːri]
ハ〜リ

動 急ぐ
◇ **Hurry** up!　急いで！
名 急ぐこと
◇ in a **hurry**　急いで

394 □ **breathe**
[bríːð] 発
ブリーず

動 呼吸する，息を吸う
◇ **breathe** deeply　深呼吸する
⇨ breath [bréθ] ブレす 名 息，呼吸

395 □ **feed**
[fíːd]
ふィード

動 ① 〜に食べ物を与える　<feed-fed-fed>
◇ **feed** the cat　猫にえさを与える
② (家族など)を養う

» 仕事に関する語（2）

396 □ **office**
[ɑ́fəs]
アふィス

名 会社，事務所
◇ go to the **office**
会社に行く
⇨ company 名 ① 会社　② 仲間

---

397 □ **member**
[mémbər]
メムバ

名 一員，会員，メンバー
◇ *be a* **member** *of* the club
クラブの一員である

---

398 □ **team**
[tí:m]
ティーム

名 チーム，組；班
◇ a new soccer **team**
新しいサッカーチーム

---

399 □ **system**
[sístəm]
スィステム

名 ① 制度，体系　② 装置
◇ a **system** of government
政治制度

---

400 □ **computer**
[kəmpjú:tər] ア
コムピュータ

名 コンピュータ
◇ use a **computer**
コンピュータを使う
➡ a personal **computer** パソコン

---

401 □ **machine**
[məʃí:n]
マシーン

名 機械
◇ a fax **machine**
ファックス機

---

402 □ **produce**
[prədjú:s] ア
プロデュース

動 ～を生産する，～を製造する
◇ Italy **produces** a lot of wine.
イタリアはワインを多量に生産する。
⇨ product 名 製品
⇨ production 名 製造

---

403 □ **sign**
[sáin] 発
サイン

動 …に署名する
◇ **sign** a letter　手紙に署名する
名 ① **標識, 看板**
◇ a road **sign**　道路標識
② **記号, しるし**
⇨ signature 名 署名, サイン
❗「有名人のサイン」の場合は autograph を用いる。

» 食事に関する語

404 □ **meal**
[mí:l]
ミーる

名 **食事**
◇ have three **meals** a day
日に3度**食事**をとる

405 □ **fresh**
[fréʃ]
ふレッシュ

形 **新鮮な, 新しい**
◇ **fresh** vegetables
新鮮な野菜

406 □ **sweet**
[swí:t]
スウィート

形 ① **甘い**
◇ **sweet** fruit　**甘い**果物
② **親切な, やさしい**
名《sweets で》**甘いもの, 砂糖菓子**

407 □ **salty**
[sɔ́:lti]
ソーるティ

形 **しょっぱい, 塩辛い**
◇ **salty** foods
しょっぱい食べ物

408 □ **hot**
[hát]
ハット

形 ①（食べ物が）**辛い**
◇ This soup is really **hot**.
このスープはとても**辛い**。
② **暑い, 熱い**

» 人を表す語（3）

409 □ **kid**
[kíd]
キッド

名 子ども
◇ some photos of my **kids**
私の子どもたちの写真
動 冗談を言う, からかう
◇ I was just **kidding**.
冗談を言っただけだよ。

---

410 □ **adult**
[ədʌ́lt]
アダるト

名 大人, 成人
◇ treat someone as an **adult**
人を大人として扱う
形 大人の, 成人の

---

411 □ **youth**
[júːθ]
ユーす

名 ① 若いころ, 青春時代
◇ in *one's* **youth**　若いころに
② 《the youth で》若者

---

412 □ **senior**
[síːnjər] 発 ア
スィーニャ

形 年上の, 上級の
◇ He *is* five years **senior** *to* me.
彼は私より５歳年上である。
名 最上級生, 先輩, 年長者

---

413 □ **junior**
[dʒúːnjər] ア
ヂューニャ

形 年下の, 下級の
◇ a **junior** member　年下の会員
➡ **junior** high school 中学校
名 後輩

≫数えるときに注意が必要な名詞

414 □ **paper**
[péipər]
ペイパ

名 ① 紙　② 新聞　③ 書類, レポート
◇ a *piece[sheet]* of **paper**
紙１枚

415 □ **bread**
[bréd]
ブレド

名 パン
◇ *a slice of* **bread**
パン１枚

48 **数えられない名詞②：**paper や bread は, 決まった形がなく数えることができない, 物質名詞である。a/an はつけず, 複数形にもしない。物質名詞には air「空気」, meat「肉」, money「お金」などがある。

416 □ **cup**
[kʌ́p]
カップ

名 カップ, 茶わん
◇ two **cups** of tea
お茶２杯

417 □ **glass**
[glǽs]
グらぁス

名 ① コップ；ガラス
◇ three **glasses** of water
水３杯
② 《glasses で》メガネ

49 **数える単位となる名詞：**物質名詞はそのまま数えることができない。数えるときは piece, slice, cup, glass など, 数えられる名詞を単位として使う。複数のものを表現する場合には, これらの名詞を複数形にする。

基本動詞⑤

418 □ take <take-took-taken>

[téik] [túk] [téikn]
テイク トゥック テイクン

□ He **took** some cookies from the jar.
彼はびんからクッキーをいくつか**取った**。

take は，何かに手をのばして，自分のものにすることを意味する。

基本的な使い方

「手を伸ばして自分のものにする」ということから，ある「こと·もの·行為」を「意識して選び取る」という意味が含まれてくる。

□ ① Bill **took** *a walk* around the park this morning.	ビルは今朝公園の周りを**散歩した**。
□ ② Let's **take** *a break*.	**休憩をとり**ましょう。
□ ③ I want to **take** *a shower*.	私は**シャワーを浴びたい**。
□ ④ We are going to **take** *a test*.	私たちは**試験を受ける**。

□ ⑤ She sometimes **takes** *a bus.*	彼女はときどき**バスに乗る**。

≫ takeを使った熟語

take out ～ , take away ～ , take off, take care of ...,
take over, take place, take a look at ...

419 □	She opened her bag and **took** a letter **out**.	彼女はかばんを開けて手紙**を取り出した**。
420 □	The police **took** his car **away**.	警察が彼の車**を運び去った**。
421 □	You should **take off** your shoes.	靴**を脱ぎ**なさい。
422 □	I **took care of** Yumi's cats while she was on vacation.	由美が休みの間，私は彼女の猫たち**の世話をした**。
423 □	He **took over** the business from his father.	彼は父親から仕事**を引き継いだ**。
424 □	The party will **take place** in a hotel.	そのパーティーはホテルで**行われる**だろう。
425 □	May I **take a look at** the picture?	その写真［絵］**を見て**もいいですか。

» 店で

Mari: I want a new coat.
Peter: Me, too. It's getting colder these days.
Clerk: Hi. **May I help you?**
Mari: Yes, **I'm looking for** a red coat.
Clerk: This one is very popular now.
Mari: I like it. **May I try** it **on?**
Clerk: Sure.

真理：　新しいコートが欲しいわ。
ピーター：　ぼくもだよ。このごろ寒くなってきたね。
店員：　こんにちは。**何かお探しですか？**
真理：　ええ，赤いコートを**探しています。**
店員：　これは今とても人気のものです。
真理：　すてきね。それを**試着してもいいですか？**
店員：　どうぞ。

426 □ **May I help you?** 　何かお探しですか？

> **50** **店員に声をかけられたら：**応対をお願いするときは，Yes, please. などと返事をする。特に必要ない場合は，No, thank you. I'm just looking.「いえ，結構です。見ているだけです」と言えばよい。

427 □ **I'm looking for ...** 　…を探しています。

428 □ **May I try ... on?** 　…を試着してもいいですか？

B

Peter: How do you like it?
Mari: I like it, but I want a longer coat. **Could you show me another one?**
Clerk: **How about** this? This one is on sale right now.
Mari: Oh, I like the design. **What do you think**, Peter?
Peter: I like it.
Mari: OK, **I'll take it.**

ピーター： 君は気に入った？
真理： 気に入っているけど，もっと長めのコートが欲しいの。**ほかのものを見せていただけますか？**
店員： **これはいかがですか？** これは今セールになっています。
真理： あら，デザインが好きだわ。**どう思う**，ピーター？
ピーター： ぼくは好きだよ。
真理： わかったわ，**それを買います。**

429 □ **Could you show me another one?** ほかのものを見せていただけますか？

51 **another と the other**：店内にあるたくさんの商品の中の「ほかのもの」を見たい場合には，another を用いるが，「2点のうちのもうひとつのもの」を見たい場合には，Show me the other.　という言い方ができる。

430 □ **How about ...?** …はいかがですか？

431 □ **What do you think?** どう思う？

52 **意見を求める**：「…についてどう思いますか」と聞く場合には，What do you think of ...?　という表現を用いることができる。

432 □ **I'll take it.** それを買います。

» 他者に働きかける語

433 □ **let** [lét] れット
動《let ... *do*で》…に〜させる <let-let-let>
◇ Please **let** me *go!* 私に行かせてください！
➡ **Let** me see. ええと。

53 **〈使役動詞＋目的語＋原形不定詞〉の形**：letのように「…に〜させる」の意味を表す使役動詞はほかにhave, makeがある。letは〈許可〉のニュアンスを含み，make は無理やりさせるという〈強制〉のニュアンスが強い。have はその中間，また〈依頼〉のニュアンスもある。

---

434 □ **control** [kəntróul] ア コントロウる
動 〜を抑える；**〜を制御する，〜を支配する**
◇ **control** *oneself* 自分を抑える
名 **制御，支配；抑制**

---

435 □ **wake** [wéik] ウェイク
動 目を覚ます； <wake-woke-woken>,
〜を目覚めさせる <wake-waked-waked>
◇ **wake** *up* at five in the morning
朝5時に**目が覚める**
⇨ awake 形 目が覚めて

---

436 □ **offer** [ɔ́:fər] 発 ア オーふァ
動 **〜を提供する，〜を申し出る**
◇ They **offered** me a good job.
彼らは私にいい仕事を**提供してくれた**。
名 **申し出**
◇ accept an **offer** **申し出**を受ける

---

437 □ **support** [səpɔ́:rt] ア サポート
動 ① **〜を支持する，〜を支える**
◇ **support** the idea その考えを**支持する**
② **〜を援助する**
名 **支持，支援**

438 □ **save**
[séiv]
セイヴ

動 ① ～を救う，～を助ける
◇ **save** a life
命を救う
② ～を蓄える，～を節約する
◇ **save** money
お金を蓄える

439 □ **surround**
[səráund] 発 ア
サラウンド

動 ～を囲む；～を包囲する
◇ The lake *is* **surrounded** *by* trees.
その湖は木々に囲まれている。
⇨ surroundings 名 環境

440 □ **order**
[ɔ́:rdər]
オーダ

動 ① ～を注文する
◇ **order** a pizza
ピザを注文する
② ～を命令する，～を指示する
名 ① 命令　② 注文　③ 順序；秩序
➡ out of **order**（機械が）故障して

in order to *do* 《目的を表して》～するために
◇ I studied hard **in order to** *pass* the exam.
私はその試験に合格するために一生懸命勉強した。

441 □ **excuse**
[ikskjú:z] 発 ア
イクスキューズ

動 ～を許す，～を勘弁する
◇ Please **excuse** me *for* coming late.
遅刻したことをお許しください。
➡ **Excuse** me. すみません。
名 [ikskjú:s] イクスキュース 発 言いわけ
◇ a good **excuse**
上手な言いわけ

≫地位・職業など（1）

442 □ **president**
[prézidənt] ア
プレズィデント

名 ①《しばしばPresidentで》**大統領**
◇ the **President** of the United States of America　アメリカ合衆国**大統領**
② **社長**

---

443 □ **police**
[pəlíːs] ア
ポリース

名《the policeで》**警察**
◇ call *the* **police**　警察を呼ぶ

54 **the policeは複数扱い**：the policeは警官の集合体ととらえて，複数扱いされる。
◆ *The police are* looking for the man.「警察はその男のゆくえを追っている」
また，1人の警官を表す場合は，a police officerなどを用いる。

---

444 □ **king**
[kíŋ]
キング

名 **国王**（⇔queen）
◇ the **King** of Spain　スペイン国王

---

445 □ **queen**
[kwíːn]
クウィーン

名 **女王，王妃**（⇔king）
◇ **Queen** Elizabeth II [the Second]
エリザベス**女王**2世
⇨ prince 名 王子　⇨ princess 名 王女

55 **称号の読み方**：King Henry VIII「国王ヘンリー8世」は，King Henry the Eighth，King George VI「国王ジョージ6世」は，King George the Sixthと読む。

---

446 □ **artist**
[ɑ́ːrtist]
アーティスト

名 **芸術家，美術家**
◇ a great **artist**　偉大な芸術家
⇨ art 名 芸術

447 □ **lawyer**
[lɔ́:jər] 発
ろーイア

名 弁護士
◇ **lawyer**'s advice　弁護士の意見
⇨ law 名 法律

448 □ **scientist**
[sáiəntəst]
サイエンティスト

名 科学者　⇨ science 名 科学
◇ a famous computer **scientist**
有名なコンピュータ科学者

≫ 言語活動 (3)

449 □ **alphabet**
[ǽlfəbèt] ア
あるふァベット

名 アルファベット
◇ the 26 letters of the English **alphabet**
英語のアルファベットの26文字

450 □ **novel**
[nάvl]
ナヴる

名 (長編の) 小説
◇ a popular **novel**　人気のある小説
⇨ novelist 名 小説家

451 □ **fiction**
[fíkʃən]
ふィクション

名 ① (架空の) 小説, フィクション (⇔ nonfiction)
◇ a work of **fiction**　小説作品
② 作り話
⇨ science-fiction 名 SF, 空想科学小説

452 □ **essay**
[ései]
エッセイ

名 ① (学生の) レポート, 作文
◇ write an **essay** on Japanese culture
日本文化についてレポートを書く
② 随筆, エッセー；評論

453 □ **address**
[ədrés] ア 綴
アドレス

名 ① 住所, あて名
◇ change of **address**　住所変更
② 演説
動 ～に演説する

≫ 問題・状況など

454 □ **matter**
[mǽtər]
マぁタ

名 ① 問題，事柄
◇ talk about the **matter**
その問題について話す
➡ What's the **matter**? どうかしましたか。
② 物質
動 重要である，問題である

---

455 □ **situation**
[sìtʃuéiʃən]
スィチュエイション

名 ① 状況；立場
◇ a difficult **situation**　困難な状況
② 位置，場所

---

456 □ **example**
[igzǽmpl] 綴
イグザぁムプる

名 例，実例
◇ give an **example**　例をあげる
➡ for **example** たとえば

---

457 □ **experience**
[ikspíəriəns] 綴
イクスピアリアンス

名 経験，体験
◇ have an **experience**　経験する
動 ～を経験する
⇨ experienced
形 経験豊かな，ベテランの

---

458 □ **point**
[pɔ́int]
ポイント

名 点，要点
◇ a very important **point**
非常に重要な点
動 指し示す

---

459 □ **trouble**
[trʌ́bl]
トラブる

名 問題，困難，もめごと
◇ serious **trouble**
深刻な問題
➡ *be* in **trouble** 困っている，窮地に陥っている
動 ～を悩ます，～を心配させる

460 **happen**
[hǽpn]
ハぁプン

動 (偶然に) **起こる**
◇ What **happened** to her?
彼女に何が**起こった**のですか。
⇨ happening 名 出来事

happen to *do* たまたま [偶然] ～する
◇ I **happened to** *meet* him at the station.
私は**たまたま**駅で彼と会った。

461 **solve**
[sάlv]
サるヴ

動 (問題など) **を解決する, ～を解く**
◇ **solve** a problem
問題**を解決する**
⇨ solution 名 解決策, 解決

≫ 体の状態

462 **hungry**
[hʌ́ŋgri]
ハングリ

形 空腹の, **飢えた**
◇ feel **hungry** 空腹を感じる
⇨ hunger 名 飢え

463 **thirsty**
[θə́ːrsti]
さ～スティ

形 **のどがかわいた**
◇ get **thirsty** **のどがかわく**
⇨ thirst 名 のどのかわき

464 **healthy**
[hélθi]
へるすィ

形 **健康な, 健全な**
◇ a **healthy** baby **健康な**赤ちゃん
⇨ health 名 健康

465 **sleepy**
[slíːpi]
スりーピィ

形 眠そうな, **眠い**
◇ **sleepy** eyes **眠そうな**目
⇨ sleep 動 眠る, 寝る

人の様子

466 □ **quiet**
[kwáiət] 発 綴
クワイエト

形 静かな, 平穏な
◇ a **quiet** little girl
静かな小さな女の子
➡ Be **quiet**. 静かにしなさい。

467 □ **loud**
[láud] 発
らウド

形 (音, 声などが) 大きい, 騒々しい
◇ a **loud** sound
大きな音

468 □ **noisy**
[nɔ́izi]
ノイズィ

形 騒がしい, やかましい
◇ a **noisy** classroom
騒がしい教室
⇨ noise 名 音, 雑音, 騒音

469 □ **active**
[ǽktiv]
あクティヴ

形 活発な, 活動的な
◇ an **active** child
活発な子ども

470 □ **tired**
[táiərd]
タイアド

形 疲れた
◇ You look **tired**.
疲れているようですね。
⇨ tire 動 ～を疲れさせる；疲れる
➡ *be* **tired** from ... …で疲れている

***be* tired of ...** …に飽きる
◇ I **am tired of** watching TV.
私はテレビを見るのに飽きている。

471 □ **funny**
[fʌ́ni]
ふァニィ

形 おもしろい, 笑える, 奇妙な
◇ make a **funny** face
おもしろい顔をする
⇨ fun 名 楽しみ, おもしろさ

472 **gentle**
[dʒéntl]
チェントる

形 やさしい，おだやかな
◇ a **gentle** smile
やさしい笑顔
⇨ gently 副 やさしく，おだやかに
⇨ gentleman 名 紳士

473 **calm**
[kɑ́ːm] 発
カーム

形 ①（態度などが）平静な，落ち着いた
◇ stay **calm**
平静を保つ
②（天候などが）おだやかな，静かな

474 **silent**
[sáilənt]
サイれント

形 沈黙した，静かな
◇ keep **silent**
黙っている
⇨ silence 名 沈黙

475 **careful**
[kéərfl]
ケアふる

形 注意深い，慎重な（⇔careless 不注意な）
◇ *Be* **careful** *about* your health.
健康には気をつけなさい。

476 **blind**
[bláind] 発
ブらインド

形 目の見えない
◇ go **blind**
失明する

477 **serious**
[síəriəs] 発
スィアリアス

形 ① 深刻な，重大な
◇ a **serious** problem
深刻な問題
② まじめな
⇨ seriously 副 ① 深刻に　② まじめに

478 **friendly**
[fréndli]
ふレンドり

形 人なつこい，好意的な，親しげな
◇ a **friendly** smile
人なつこい笑顔

» 通信に関する語

479 □ **voice**
[vɔ́is]
ヴォイス

名 声
◇ in a loud **voice**
大きな声で

---

480 □ **message**
[mésidʒ] 発
メスィヂ

名 伝言, メッセージ
◇ leave a **message**
伝言を残す

---

481 □ **mail**
[méil]
メイる

名 ① 郵便, (集合的に) 郵便物
◇ send a letter by air **mail**
手紙を航空便で送る
! ×mailsとしない。
② 電子メール (＝e-mail)
動 ～を郵送する

---

482 □ **newspaper**
[njúːzpèipər] 発
ニューズペイパ

名 新聞 (＝paper)
◇ read the **newspaper**
新聞を読む

---

483 □ **program**
[próugræm] 発 ア
プロウグラぁム

名 ① 番組；プログラム
◇ a TV **program**
テレビ番組
② 予定, 計画

---

484 □ **record**
[rékərd] ア
レカド

名 ① 記録；成績
◇ break a **record**
記録を破る
② レコード(盤)

---

485 □ **magazine**
[mǽgəzìːn]
マぁガズィーン

名 雑誌
◇ a monthly **magazine**
月刊雑誌

486 □ **Internet**
[íntərnèt] ア
インタネット

名《the Internet で》インターネット
◇ get information on the **Internet**
インターネットで情報を手に入れる

487 □ **e-mail**
[íːmèil]
イーメイる

名 **Eメール, 電子メール**（＝email, E-mail, mail）
◇ check *one's* **e-mail**
Eメールを確認する
動 ～に**Eメールを送る**
◇ I'll **e-mail** you.
あなたに**Eメールを送り**ます。

》明暗を表す形容詞

488 □ **clear**
[klíər]
クりア

形 ① **晴れた, 明るい, 澄んだ**
◇ a **clear** blue sky
晴れた青空
② **明らかな**
⇨ clearly 副 はっきりと, 明らかに

489 □ **dark**
[dáːrk]
ダーク

形 ① **暗い, 闇の**
◇ a **dark** street
暗い通り
② (色などが) **黒っぽい, 濃い**
◇ a **dark** dress
黒っぽい服
⇨ darkness 名 暗さ, 闇

490 □ **bright**
[bráit]
ブライト

形 ① **輝いた, 鮮やかな**
◇ a **bright** future
輝かしい未来
② **頭のよい, りこうな**
◇ a **bright** child
頭のよい子ども

場所を表す語

491 □ **ground**
[gráund]
グラウンド

名 地面, 土地
◇ on the **ground**
地面に

---

492 □ **field**
[fí:ld]
ふぃーるド

名 ① 田畑, 野原
◇ a corn **field**　とうもろこし畑
② 競技場　③ 分野

56 **グラウンドの表現：** 日本語で「グラウンド」という場合,「競技場」や「運動場」をさすが, 英語のgroundは, 単なる「地面」という意味にとらえられてしまうので, school playground「校庭」やbaseball field「野球場」などと具体的に言うとよい。

---

493 □ **floor**
[flɔ́:*r*]
ふろー

名 ① 床
◇ sit on the **floor**　床に座る
② 階

57 **英米でのfloorの違い：** 「階」の意味を表すとき, 英・米では以下のように表現が異なる。
《英》
the ground *floor*「1階」
the first *floor*「2階」
《米》
the first *floor*「1階」
the second *floor*「2階」

---

494 □ **top**
[táp]
タップ

名《the topで》頂上, 首位
◇ at *the* **top** of the mountain
その山の頂上で

495 □ **bottom**
[bátəm] 発
バトム

名《the bottom で》**下の部分, 底**
◇ at *the* **bottom** of the page
そのページの**下の部分**に

496 □ **building**
[bíldiŋ] 綴
ビるディング

名 **建物, ビル**
◇ an old **building**
古い**建物**

497 □ **position**
[pəzíʃən] ア
ポズィション

名 ① **地位**
◇ have a good **position** in the company
会社でよい**地位**についている
② **位置, 場所**
③ **立場**

498 □ **corner**
[kɔ́ːrnər]
コーナ

名 **曲がり角**, (部屋の) **すみ**
◇ around the **corner**
角を曲がったところに

499 □ **place**
[pléis]
プれイス

名 ① **場所, 位置**
◇ a safe **place**
安全な**場所**
② **位置, 順位**
➡ first **place** 1位
動 **～を置く**

500 □ **somewhere**
[sʌ́mwèər]
サムウェア

副 **どこかで [へ]**
◇ I have seen that boy **somewhere** before.
私は以前**どこかで**あの少年を見たことがある。
➡ anywhere 副《肯定文で》どこでも;《疑問文で》どこかに

» 基本動詞⑥

501 □ have <have-had-had>

[hǽv] [hǽd]
ハあヴ ハあド

□ He **has** two children.
彼は子どもが 2 人**いる**。

have は，何かを所有している状態や，そのような状態になることを表す。

» 基本的な使い方

持つという「行動」よりも，「所有している状態」が意味の中心になる。

□ ① *What* do you **have** in your hand?	手に**何を持っている**のですか。
□ ② He **had** *an accident.*	彼は**事故にあった**。
□ ③ I'm **having** *lunch* now.	私は今**昼食をとっている**。

□ ④ Please **have** *a seat*.	どうぞ**席にお座り**ください。

「『ある状況』を所有する状態」といった意味から,「何かをある状況にする」⇒「～させる」という意味にもなる。

□ ⑤ She **had** her son *carry* her bag.	彼女は息子に彼女のかばんを**持たせた**。

≫ haveを使った熟語

have a cold, have a good time, have no idea,
have something to do with ..., have to do

502 □	He **had a cold** last week.	彼は先週**かぜをひいた**。
503 □	I **had a good time** at the party.	私はパーティーで**楽しい時を過ごした**。
504 □	I **have no idea** what the sign means.	その記号が何を意味しているのか**わからない**。
505 □	I think Mary **had something to do with** the accident.	私はメアリーがその事故と**何らかの関係があった**と思う。
506 □	I **have to** *go* to work now.	私はこれから仕事に**行かなければならない**。

» レストランで

A

Waiter: **Are you ready to order?**
Peter: Yes, we're ready. Go ahead, Mari.
Mari: OK, **I'll have** the salmon cream pasta.
Peter: And I'll have a hamburger and fries.
Waiter: **Would you like** anything to drink?
Peter: One orange juice, please. How about you, Mari?
Mari: Just water for me, please.
Waiter: OK, **I'll be back in a few minutes** with your order.

ウェイター： **ご注文はお決まりですか？**
ピーター： はい，決まりました。真理，先にどうぞ。
真理： ええ，サーモンクリームパスタ**をください。**
ピーター： そしてぼくはハンバーガーとフライドポテトを。
ウェイター： 何かお飲み物**はいかがですか？**
ピーター： オレンジジュースをひとつください。真理は？
真理： 私にはお水だけで。
ウェイター： かしこまりました。ご注文の品と一緒に**すぐ戻ってまいります。**

507 □ **Are you ready to order?** ご注文はお決まりですか？

> **58** **ファーストフード店での注文：**ファーストフード店では注文時にFor here or to go?「店内でお召し上がりですか，お持ち帰りですか」と聞かれるが，店内の場合はFor here. 持ち帰る場合はTo go. と答える。

508 □ **I'll have ...** …をください。

509 □ **Would you like ...?** …はいかがですか？

510 □ **I'll be back in a few minutes.** すぐ戻ってまいります。

B

Peter: **How is** your pasta, Mari?
Mari: **It's very good.**
Peter: Mari, **could you pass me** the salt, please?
Mari: Sure, **here you are.**
Peter: Thanks. These fries need a little salt.
Mari: **Could you pass me** the pepper?
Peter: **Here you go.**

ピーター： 真理，パスタはどうですか？
真理： とてもおいしいわ。
ピーター： 真理，塩を取ってくれますか？
真理： いいわよ，はい，どうぞ。
ピーター： ありがとう。このフライドポテトには少し塩がいるよ。
真理： コショウを取ってくれますか？
ピーター： はい，どうぞ。

511 ☐ **How is ...?** …はどうですか？

512 ☐ **It's very good.** とてもおいしい。

59 **料理の感想を言う**：「おいしい」と言う場合，It's delicious. や This tastes good. なども用いることができる。

513 ☐ **Could you pass me ...?** …を取ってくれますか？

514 ☐ **Here you are. / Here you go.** (人に物を渡すときに)はい，どうぞ。

期間を表す熟語

515	□ **for a moment**	ちょっとの間
516	□ **for a while**	しばらくの間
517	□ **for a long time**	長い間

不定詞・動名詞を含む熟語

518	□ **too ... to** *do*	…すぎて～できない；～するにはあまりにも…すぎる
519	□ **happen to** *do*	たまたま～する
520	□ **look forward to -ing**	～するのを楽しみに待つ［する］
521	□ **feel like -ing**	～したい気分だ，～したいと思う

基本動詞句②

522	□ **grow up**	育つ，成長する；大人になる
523	□ **believe in ...**	…の存在を信じる；…がよいことだ［正しい］と思う
524	□ **call on[upon] ...**	（人）を訪ねる
525	□ **stand up**	立ち上がる

She waited **for a moment**, then knocked again.	彼女は**ちょっとの間**待って，またノックした。
You had better stay here **for a while**.	あなたは**しばらくの間**ここにいるほうがいい。
I can't stand being alone **for a long time**.	私は**長い間**ひとりでいることに耐えられない。

The question is **too** difficult for me **to** *solve*.	その問題は難し**すぎて**，私には解くことが**できない**。
I **happened to** *see* Peter at the library.	私は図書館で**たまたま**ピーターに**会った**。
I'm **looking forward to** *see***ing** you again.	また**お会いする**のを**楽しみにしています**。
I **feel like** *stay***ing** home today.	私は今日は家に**いたい気分だ**。

I **grew up** in this small town.	私はこの小さな町で**育った**。
Do you **believe in** ghosts?	幽霊**の存在を信じ**ますか。

60 **何を「信じる」？**：I believe you. は，「あなたの言うことは本当だと思う」の意味で，I believe in you.「あなたを信じる」は，相手の誠実さや人柄に対して「信じる」という意味で使われる表現である。

We **called on** my aunt when we were in London.	私たちはロンドンにいたとき，おば**を訪ねた**。
The teacher told the students to **stand up**.	先生は生徒たちに**立ち上がる**ように言った。

≫家：house

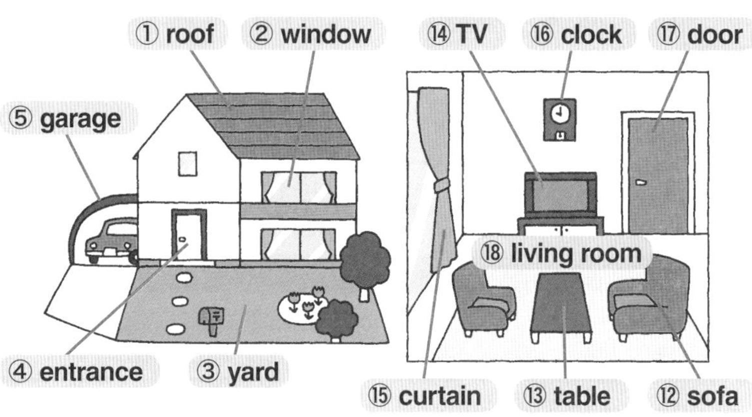

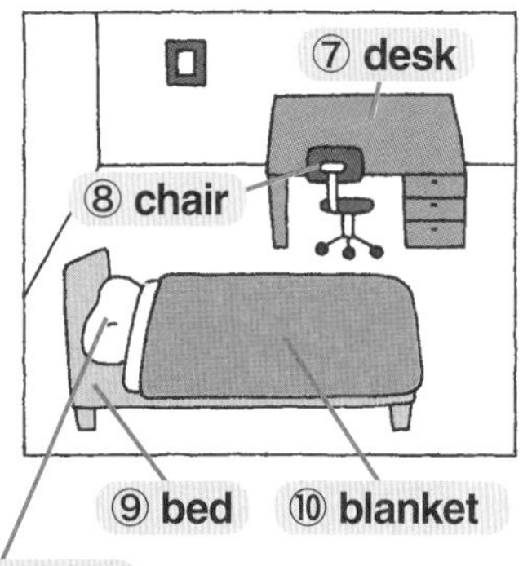

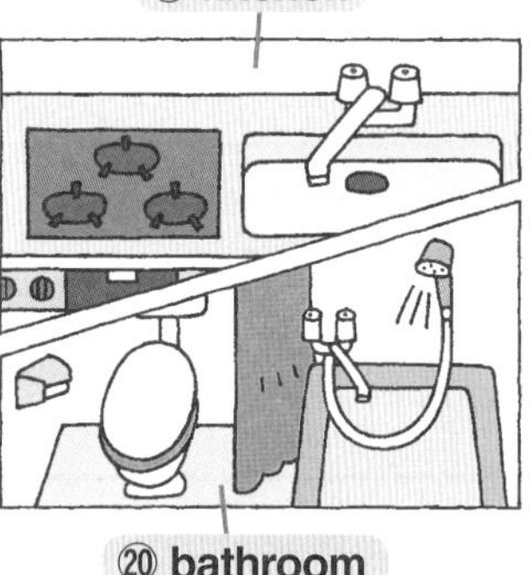

① [rúːf]（ルーふ）屋根　② [wíndou]（ウィンドウ）窓　③ [jáːrd]（ヤード）庭　④ [éntrəns]（エントランス）玄関　⑤ [gərάːdʒ]（ガラージ）車庫　⑥ [bédrùːm]（ベッドルーム）寝室　⑦ [désk]（デスク）机　⑧ [tʃéər]（チェア）いす　⑨ [béd]（ベッド）ベッド　⑩ [blǽŋkət]（ブらぁンキット）毛布　⑪ [pílou]（ピろウ）枕　⑫ [sóufə]（ソウふァ）ソファ　⑬ [téibl]（テイブる）テーブル　⑭ [tíːvíː]（ティーヴィー）テレビ　⑮ [kə́ːrtən]（カ～トン）カーテン　⑯ [klάk]（クらック）時計　⑰ [dɔ́ːr]（ドー）ドア　⑱ [líviŋ rùːm]（りヴィングルーム）居間　⑲ [kítʃən]（キチン）台所　⑳ [bǽθrùːm]（バぁすルーム）浴室

Level 4

Database

1700

病院など

526 □ **sick**
[sík]
スィック

㊊ 病気の [で], 気分が悪い
◇ *be* **sick** in bed
病気で寝ている
⇨ sickness ㊔ 病気
⇨ ill ㊊ 病気の

---

527 □ **hospital**
[háspitəl]
ハスピトる

㊔ 病院
◇ *be in* (the) **hospital**
入院している

---

528 □ **doctor**
[dáktər]
ダクタ

㊔ 医者, 医師
◇ see a **doctor**
医者に診てもらう

---

529 □ **nurse**
[nə́ːrs] 発
ナ〜ス

㊔ 看護師
◇ a hospital **nurse**
病院の看護師

---

530 □ **health**
[hélθ]
へるす

㊔ 健康
◇ *be in* good **health**
健康である
⇨ healthy ㊊ 健康な, 健康によい

---

531 □ **weight**
[wéit] 発
ウェイト

㊔ 体重, 重さ
◇ lose[gain] **weight**
体重が減る [増える]
⇨ weigh [wéi] ウェイ ㊍ ～の重さをはかる

---

532 □ **condition**
[kəndíʃən] ア
コンディション

㊔ ① 状態, 調子 ② 状況 ③ 条件
◇ *in* good **condition**
よい状態で

---

533 pain
[péin]
ペイン

名 痛み, 苦痛　⇨ painful 形 痛い
◇ cry *in* **pain**
痛みで叫ぶ

» 時を表す副詞

534 yet
[jét]
イエット

副 ①《否定文で》まだ（～ない）
◇ I have *not* eaten my lunch **yet**.
私は**まだ**お昼を食べて**いない**。
②《疑問文で》**もう**
◇ Is dinner ready **yet**?
夕食は**もう**準備できていますか。

535 finally
[fáinəli]
ふァイナり

副 ようやく, とうとう（≒ at last）
◇ I **finally** finished my homework.
私は**ようやく**宿題を終えた。
⇨ final 形 最後の, 最終の

536 suddenly
[sʌ́dnli] 綴
サドンり

副 突然, 急に　⇨ sudden 形 突然の
◇ **Suddenly** it began to rain.
突然雨が降り出した。

537 recently
[ríːsntli]
リースントり

副 最近, このごろ
◇ I *have* not *seen* my best friend **recently**.
私は**最近**親友に会っていない。
⇨ recent 形 最近の

61 **recentlyの用法:**「近い過去」を表すので, 通常, 過去形や現在完了形とともに用いられる。また, 現在形の動詞を使う場合は, these days などの表現を用いる。
◆ Prices *are going* up *these days*.
「最近, 物価が上昇している」

» あがる・落ちるなど

538 □ **rise**
[ráiz]
ライズ

動 ① (太陽や月が) **のぼる** ② **あがる；立ちあがる** <rise-rose-risen [rízn] リズン>
◇ The sun **rises** *in* the east.
太陽は東から**のぼる**。
名 **上昇，増加**

---

539 □ **raise**
[réiz] 発
レイズ

動 ① **～をあげる**
◇ **raise** *one's* hand 手を**あげる**
② **～を育てる，～を養う** (= bring up)

---

540 □ **lie**
[lái] 発
らイ
→ 299

動 **横になる，横たわる** <lie-lay-lain>
◇ She **lay** down on the bed.
彼女はベッドに**横になった**。
❗「うそをつく」のlieの活用との違いに注意。

---

541 □ **lay**
[léi] 発
れイ

動 ① **～を横たえる，～を置く** <lay-laid-laid>
◇ He **laid** the baby on the bed.
彼は赤ちゃんをベッドに**横たえた**。
② (卵) **を産む** ➡ **lay** an egg 卵を産む
❗ 現在形が「横になる」のlieの過去形と同じつづりなので注意。

62 **自動詞と他動詞で形の異なる動詞**：rise と raise, lie と lay はそれぞれ同じような意味を表しながらも，形が異なる。the sun *rises*, she *lay* down のように主語と動詞の組み合わせで意味を表す動詞が**自動詞**と呼ばれ，*raise* one's hand, *lay* the baby on the bed のように名詞をあとに続けて意味を表す動詞が**他動詞**と呼ばれる。

---

542 □ **drop**
[dráp]
ドラップ

動 **～を落とす；落ちる** 名 **しずく**
◇ **drop** a book on the floor
床に本を**落とす**

---

543 □ **pick**
[pík]
ピック

動 ①（花・草など）**をつみとる**
◇ **pick** a flower　花を**つみとる**
② **～を選ぶ**
➡ **pick** up ... …を拾い上げる，（人）を車で迎えに行く

» 公私を表す形容詞

544 □ **public**
[pʌ́blik]
パブリック

形 **公共の**（⇔private）
◇ a **public** library　**公共の**図書館
名《the publicで》**一般の人びと**

545 □ **official**
[əfíʃəl] ア
オふィシュる

形 **公式な，公の**
◇ an **official** record　**公式**記録

546 □ **private**
[práivət]
プライヴェット

形 **私有の，個人的な**（⇔public）
◇ a **private** room　**私**室

547 □ **personal**
[pə́ːrsənəl]
パ～ソナる

形 **個人的な，私的な**
◇ **personal** opinion　**個人的な**意見
⇨ person 名 人，人間

548 □ **secret**
[síːkrət]
スィークレット

形 **機密の，秘密の**
◇ **secret** information　**機密**情報
名 **秘密**
◇ keep a **secret**　**秘密**を守る
⇨ secretly 副 ひそかに

549 □ **individual**
[ìndəvídʒuəl] ア
インディヴィヂュアる

形 **個人の，個々の**
◇ an **individual** difference　**個人**差
名 **個人，人**

判断に関する形容詞

550 **special** [spéʃəl] スペシャる
形 特別な, 特殊な
◇ a **special** program 特別番組

551 **interesting** [íntərəstiŋ] ア インタレスティング
形 興味深い, おもしろい
◇ an **interesting** story 興味深い話
⇨ interest 名 興味, 関心

552 **necessary** [nésəsèri] ア 綴 ネセセリ
形 必要な
◇ if **necessary** 必要ならば
⇨ necessity 名 必要性

553 **fine** [fáin] ふァイン
形 ① 元気な
◇ feel **fine** 気分がいい
② すばらしい, 洗練された
③ 晴れている

554 **main** [méin] メイン
形 主な, 主要な
◇ the **main** reason 主な理由
⇨ mainly 副 主に

特定の地域などを表す語

555 **local** [lóukəl] ろウカる
形 地元の, 地域の
◇ a **local** paper 地元紙

556 **native** [néitiv] 発 ア ネイティヴ
形 ① 生まれた土地[国]の
◇ *one's* **native** language 母語
② 生まれたときからの

557 □ **island**
[áilənd] 発 ア
アイランド

名 島
◇ an **island** nation　島国

558 □ **capital**
[kǽpətəl] 綴
キぁピタる

名 ① 首都
◇ Tokyo is the **capital** *of* Japan.
東京は日本の**首都**である。
② **資本金**
③ **大文字**（＝capital letter）

559 □ **continent**
[kɑ́ntənənt] ア
カンティネント

名 大陸
◇ the **continent** of Africa
アフリカ**大陸**

560 □ **hometown**
[hóumtáun]
ホウムタウン

名 故郷, ふるさと, 住み慣れた土地
◇ go back to *one's* **hometown**
故郷に戻る

» 才能・知識など

561 □ **talent**
[tǽlənt] ア
タぁれント

名 才能
◇ have a **talent** *for* music
音楽の**才能**がある

562 □ **knowledge**
[nɑ́lidʒ] 発 綴
ナりヂ

名 知識, 知っていること　⇨ know 動 〜を知る
◇ have a good **knowledge** of Japanese art
日本の芸術にかなりの**知識**がある

563 □ **wisdom**
[wízdəm] 発
ウィズダム

名 知恵, 分別　⇨ wise 形 賢明な
◇ words of **wisdom**　**知恵**のある言葉

» 様子をきく・様子を表す語

564 □ **type**
[táip]
タイプ

名 **種類, 型, タイプ**
◇ What **type** of music do you like?
どんな**種類**の音楽が好きですか。
⇨ typical 形 典型的な, 代表的な

---

565 □ **character**
[kǽrəktər] ア
キぁラクタ

名 ① **性格, 個性**
◇ have a cheerful **character**
陽気な**性格**をしている
② **登場人物** ③ **文字**
⇨ characteristic 名 特質, 特徴

---

566 □ **pretty**
[príti]
プリティ

形 **かわいい, きれいな**
◇ a **pretty** dress　**かわいい**ドレス
副 **かなり**
◇ **pretty** good　**かなり**よい

---

567 □ **dear**
[díər]
ディア

形 **大切な, 親愛なる, いとしい**
◇ a **dear** friend　**大切な**友

---

568 □ **popular**
[pápjələr]
パピュら

形 **人気がある, 評判のよい**
◇ a **popular** singer
人気のある歌手

---

569 □ **single**
[síŋgl]
スィングる

形 ① **たったひとつ［ひとり］の；ひとり用の**
◇ a **single** piece of cake
たったひと切れのケーキ
➡ **single** room ひとり部屋
➡ not a **single** ... ただのひとつ［ひとり］の…もない
② **独身の**

---

570 **strange**
[stréindʒ] 発
ストレインヂ

形 ① **奇妙な，不思議な**
◇ a **strange** noise　奇妙な音
② **見知らぬ**
⇨ stranger 名 見知らぬ人，よそ者

≫目標・夢など

571 **purpose**
[pə́ːrpəs] 発 ア
パ～パス

名 **目的，意図**
◇ the main **purpose** of the meeting
会議の主要な**目的**

572 **dream**
[dríːm]
ドリーム

名 **夢，望み**
◇ **dream** of becoming a singer
歌手になる**夢**
動 **夢を見る**

573 **ability**
[əbíləti]
アビりティ

名 **能力**
◇ have the **ability** to speak English
英語を話す**能力**がある
⇨ able 形 できる，有能な

574 **goal**
[góul] 発
ゴウる

名 **目標，ゴール**
◇ set a **goal**
目標を設定する

575 **aim**
[éim]
エイム

名 **目的，目標，ねらい**
◇ with the **aim** of bringing peace
平和をもたらす**目的**で
動 **めざす，ねらう**

練習する・上達するなど

576 **practice** [prǽktis] プラぁクティス

動 ① ～を練習する
◇ **practice** the piano every day
ピアノを毎日練習する
② ～を実行する
名 ① 練習　② 実行
⇨ practical 形 現実的な, 実用的な

577 **improve** [imprú:v] ア イムプルーヴ

動 ～を上達させる, ～を改良する；進歩する
◇ I need to study more to **improve** my English.
英語を上達させるために, 私はもっと勉強しなくてはならない。
⇨ improvement 名 改良, 上達

578 **develop** [divéləp] ア ディヴェろップ

動 ① ～を発達［発展］させる, ～を開発する
◇ **develop** *one's* language skills
言語の技能を発達させる
② 発展する, 発達する
⇨ development 名 発達, 開発
➡ **developing** countries 発展途上国
➡ **developed** countries 先進国

579 **effort** [éfərt] ア エふァト

名 努力
◇ make an **effort**
努力する

580 **succeed** [səksí:d] ア 綴 サクスィード

動 成功する（⇔ fail）
◇ **succeed** as an actor
俳優として成功する
⇨ success 名 成功
⇨ successful 形 成功した

581 □ **prepare**
[pripéər] ア
プリペア

動 (…の) 準備をする
◇ **prepare** *for* a test
試験の**準備をする**
⇨ preparation 名 準備
➡ **prepare** a meal 食事を準備する

582 □ **complete**
[kəmplíːt] ア
コムプリート

動 〜を完成させる, 〜を仕上げる
◇ **complete** the work
作品を**完成させる**
形 完全な
⇨ completely 副 完全に

583 □ **fail**
[féil]
ふェイる

動 失敗する ; (試験) に落ちる
◇ **fail** *in* business
商売に**失敗する**
⇨ failure 名 失敗

» 冒険など

584 □ **adventure**
[ədvéntʃər]
アドヴェンチャ

名 冒険
◇ look for **adventure**
冒険を求める

585 □ **mysterious**
[mistíəriəs] ア
ミスティアリアス

形 不思議な, 神秘的な
◇ a **mysterious** smile
不思議な笑顔
⇨ mystery 名 謎, ミステリー

586 □ **trick**
[trík]
トリック

名 いたずら, たくらみ ; 手品
◇ play a **trick** *on* a friend
友人に**いたずら**をする

学習に関する語 (2)

587 □ **note**
[nóut]
ノウト

名 メモ, 覚え書き
◇ take **notes** メモをとる
動 ① ～を書き留める ② ～に注目する
⇨ notebook 名 ノート

---

588 □ **memory**
[méməri] ア
メモリ

名 ① 記憶 (力)
◇ have a good **memory**
記憶力がよい
② 思い出
⇨ memorize 動 ～を記憶する

---

589 □ **university**
[jù:nəvə́:rsəti] ア
ユーニヴァ～スィティ

名 (総合) 大学
◇ one of the country's top **universities**
その国の一流大学のひとつ

---

590 □ **college**
[kálidʒ]
カリッヂ

名 (単科) 大学；学部
◇ **college** education 大学教育

---

591 □ **base**
[béis]
ベイス

名 ① 土台
◇ the **base** of the building
建物の土台
② 基地
動 ～の基礎を置く
➡ *be* **based** on ... …に基づいている
⇨ basic 形 基礎の, 基本的な

---

592 □ **stage**
[stéidʒ]
ステイヂ

名 ① 段階
◇ at an early **stage** 初期の段階で
② 舞台, ステージ

593 □ **grade**
[gréid]
グレイド

名 ① **成績, 評価**
◇ get a good **grade** in math
数学でよい**成績**をとる
② **学年**　③ **等級**

594 □ **absent**
[ǽbsənt] ア
あブセント

形 **欠席で, 不在で**（⇔present 出席して）
◇ *be* **absent** *from* school
学校を**欠席している**
⇨ absence 名 不在, 欠席

595 □ **graduate**
[grǽdʒuèit] 発
グラぁヂュエイト

動《graduate from ... で》…**を卒業する**
◇ **graduate** *from* high school
高校を**卒業する**
⇨ graduation 名 卒業；卒業式

» 機会・運など

596 □ **chance**
[tʃǽns]
チぁンス

名 ① **機会, チャンス**
◇ get a **chance** to talk with her
彼女と話す**機会**を得る
② **偶然**　③ **見込み**
➡ by **chance** 偶然に

597 □ **courage**
[kə́:ridʒ] 発
カーリヂ

名 **勇気, 度胸**
◇ have the **courage** to fight
戦う**勇気**がある
⇨ courageous 形 勇敢な, 勇気ある

598 □ **fortune**
[fɔ́:rtʃən] 発 ア
ふォーチュン

名 ① **運, 幸運**（⇔misfortune 不幸, 不運）
◇ have the good **fortune** to succeed
幸運にも成功する
② **財産**
⇨ fortunate 形 運の良い
➡ make a **fortune** ひと財産つくる

» 基本動詞⑦

599 □ **keep** **<keep-kept-kept>**

[kíːp]　[képt]
キープ　ケプト

□ Try to **keep** your bedroom clean.
自分の寝室を**きれいにしておく**ようにしなさい。

keep は，ある状態を保つという意味を表す。

» 基本的な使い方

意識して注意を払わなければ，維持が難しいという意味合いが含まれる。

□ ① We decided to **keep** *our old car.*	私たちは**古い車を持ち続ける**ことにした。
□ ② They **kept** *quiet* during the speech.	スピーチの間，彼らは**静かにしていた。**
□ ③ She **kept** us *waiting* for an hour.	彼女は私たちを1時間**待たせたままにした。**

□ ④ He **keeps** *a diary*.	彼は**日記をつけている**。
□ ⑤ You should **keep** *the secret*.	その**秘密を守った**ほうがいいよ。
□ ⑥ The police were sent in to **keep** *order*.	**秩序を維持する**ために警官隊が投入された。

» keepを使った熟語

keep on -ing, keep away from ～ , keep ... from -ing, keep up with..., keep in touch with..., keep... in mind, keep an eye on...

600	□	She **kept on** *writ***ing** stories.	彼女は物語を**書き続けた**。
601	□	**Keep away from** that park at night.	夜はあの公園**に近づかない**ように。
602	□	He **keeps** his son **from** *play***ing** video games.	彼は息子にテレビゲーム**をさせない**。
603	□	It is important to **keep up with** world news.	世界のニュース**に遅れずについていく**ことは大切だ。
604	□	I'll **keep in touch with** you.	君**と連絡を保つ**よ。
605	□	You should **keep** your parents' words **in mind**.	ご両親の言葉**を心に留めて**おいたほうがいい。
606	□	Could you please **keep an eye on** my bag?	私のかばん**から目を離さないで**いていただけませんか。

病院で

A

Peter: **My head hurts.**
Mom: You **look pale.** Maybe **you should go see a doctor.**
Peter: I'll be all right. I just need to lie down.
Mom: Um ... I'll call the doctor for you.
Peter: Thanks, Mom.

ピーター： **頭が痛い。**
母： **顔色が悪い**わ。たぶん**お医者さんに行ったほうがいい**わよ。
ピーター： きっと大丈夫だよ。ただ横になればいいと思う。
母： うーん，代わりにお医者さんに電話をしてあげる。
ピーター： ありがとう，お母さん。

607 □ **My head hurts.** 頭が痛い。

63 **症状を言う**：「頭が痛い」は，I have a headache. という表現もある（→Dialogue ⑦-B）。漠然と具合が悪いときにはI feel sick.「気分が悪い」と言うこともできる。

608 □ **You look pale.** 顔色が悪い。

64 **lookの使い方**：〈look＋形容詞〉で，「～のように見える」の意味になる。You look tired. で「疲れているようだね」と表現できる。

609 □ **You should go see a doctor.** お医者さんに行ったほうがいい。

65 **go see a doctor**：「医者に行って診察してもらう」の意味で，go *to* see a doctor，またはgo *and* see a doctorが省略されたもの。→**528**

B

Doctor: **What seems to be the problem?**
Peter: I have a headache.
Doctor: When did it start?
Peter: This morning, when I woke up.
Doctor: **Do you have a fever?**
Peter: I'm not sure.
Doctor: **Let me check your temperature.**

医者：　どうされましたか？
ピーター：　頭痛がするのです。
医者：　それはいつごろから始まりましたか？
ピーター：　今朝，起きたときです。
医者：　**熱はありますか？**
ピーター：　よくわかりません。
医者：　**熱をはかりましょう。**

610 □ **What seems to be the problem?** どうされましたか？

66 **相手の調子をたずねる：**What's wrong? や What's the matter? なども同様の意味で用いられる。

611 □ **Do you have a fever?** 熱はありますか？

612 □ **Let me check your temperature.** 熱をはかりましょう。

言語活動（4）

613 □ **express**
[iksprés] ア
イクスプレス

動 ～を表現する，（意見など）を述べる
◇ **express** *one's* feelings
気持ちを表現する
形 急行の
⇨ expression 名 ① 表現　② 表情
➡ an **express** train 急行列車

---

614 □ **suggest**
[sʌdʒést] 発 綴
サヂェスト

動 ① ～を提案する
◇ **suggest** a different plan
異なる計画を提案する
② ～を示唆する
⇨ suggestion 名 ① 提案　② ほのめかし

---

615 □ **demand**
[dimǽnd] ア
ディマあンド

動 ～を要求する
◇ **demand** an explanation
説明を要求する
名 ① 要求　② 需要（⇔supply 供給）

---

616 □ **promise**
[prámәs] 発
プラミス

動 （～を）約束する
◇ We **promised** that we would help them.
私たちは彼らを手伝うと約束した。
名 約束，見込み
◇ make a **promise**　約束をする

---

617 □ **refuse**
[rifjúːz]
リふューズ

動 ～を拒む，～を断る
◇ **refuse** *to answer* the questions
質問に答えることを拒む

---

618 □ **count**
[káunt]
カウント

動 （～を）数える
◇ **count** the number of people
人の数を数える
➡ **count** on ... …をあてにする

619 □ **complain**
[kəmpléin] ア
コムプれイン
動 苦情を言う, 不満を言う
◇ **complain** about the noise
騒音のことで苦情を言う

620 □ **spell**
[spél]
スぺる
動 ～をつづる
⇨ spelling 名 つづり, スペル
◇ How do you **spell** your name?
あなたの名前はどう**つづり**ますか。

» 社会に関する語（2）

621 □ **modern**
[mádərn] ア
マダン
形 現代の
◇ the **modern** world
現代世界

622 □ **ancient**
[éinʃənt] 発
エインシャント
形 古代の
◇ **ancient** history
古代史

623 □ **service**
[sə́ːrvəs]
サ～ヴィス
名 ① サービス, もてなし
◇ a cleaning **service**　清掃サービス
② 公共事業

624 □ **professional**
[prəféʃənəl]
プロふェッショヌる
形 専門家の, プロの
◇ **professional** advice
専門家のアドバイス
⇨ profession 名（専門的な）職業

625 □ **role**
[róul]
ロウる
名 役割, 役目
◇ play an important **role**
重要な役割を果たす

626 □ **traffic**
[trǽfik] ア
トラぁふィク
名 交通, 往来
◇ heavy **traffic**　交通の混雑
➡ **traffic** jam 交通渋滞

≫ 人の性質を表す語 (1)

627 □ **smart**
[smá:rt]
スマート

形 頭のよい, **りこうな**；(身なりが) **きちんとした**

◇ a **smart** girl
頭のよい少女

67 **和製英語の「スマート」に注意**：日本語では「スマート」は「細身の」の意味で用いられるが, 英語のsmartにはその意味はない。代わりにslim「すらりとした」などを使う。

---

628 □ **wise**
[wáiz] 発
ワイズ

形 **賢い, 思慮深い**

◇ a **wise** king
賢い王

⇨ wisdom 名 知恵

---

629 □ **clever**
[klévər]
クれヴァ

形 **りこうな, 抜け目のない, 器用な**

◇ a **clever** student　りこうな生徒

⇨ cleverness 名 賢さ

68 **「頭のよさ」を表す語**：それぞれ次のようなニュアンスが含まれている。
smart「気の利いた, そつのない」
wise「知識や経験が豊富である」
clever「頭の回転が速く, 抜け目がない」
bright「聡明な（主に子どもなどに用いられる)」
smart, clever は主に頭の回転の速さを表しているが, ときには「ずる賢い」という悪い意味にもなる。

---

630 □ **shy**
[ʃái]
シャイ

形 **内気な, 恥ずかしがりの**

◇ a **shy** boy
内気な少年

---

631 □ **honest**
[ánəst] 発 ア
アネスト

形 誠実な, 正直な
◇ an **honest** person　誠実な人
⇨ honesty 名 誠実(さ)

632 □ **brave**
[bréiv]
ブレイヴ

形 勇敢な, 勇ましい
◇ a **brave** act　勇敢な行為

≫ 対にして覚える名詞

633 □ **comedy**
[kámədi]
カメディ

名 喜劇, コメディ (⇔ tragedy)
◇ a **comedy** film
喜劇映画

634 □ **tragedy**
[trǽdʒədi] ア
トラぁヂディ

名 ① 悲劇 (⇔ comedy)
◇ Greek **tragedy**
ギリシア悲劇
② 悲しい事件, 惨事

635 □ **success**
[səksés] ア
サクセス

名 成功 (⇔ failure)
◇ *be* a big **success**
大成功となる
⇨ successful 形 成功した
⇨ succeed 動 成功する

636 □ **failure**
[féiljər] ア
ふェイリャ

名 失敗 (⇔ success)
◇ end in **failure**
失敗に終わる
⇨ fail 動 失敗する

» 対にして覚える形容詞

637 □ **clean** [klíːn] クリーン
形 きれいな，清潔な (⇔dirty)
◇ a **clean** towel
きれいなタオル
動 ～をきれいにする，～を掃除する

638 □ **dirty** [dә́ːrti] ダ～ティ
形 汚れた，汚い (⇔clean)
◇ **dirty** clothes
汚れた服

---

639 □ **wide** [wáid] ワイド
形 (幅が) 広い (⇔narrow)
◇ a **wide** river
広い川
⇨ width 名 幅

640 □ **narrow** [nǽrou] ナぁロウ
形 (幅が) 狭い (⇔wide)
◇ a **narrow** road
狭い道路

---

641 □ **true** [trúː] トルー
形 真実の，本当の (⇔false)
◇ a **true** story
実話
⇨ truth 名 真実
⇨ truly 副 本当に

642 □ **false** [fɔ́ːls] 発 ふォーるス
形 いつわりの，うその，間違った (⇔true)
◇ **false** information
いつわりの情報

643 □ **safe**
[séif]
セイふ

形 安全な；**無事な**（⇔ dangerous）
◇ a **safe** place to swim
泳ぐのに**安全な**場所
⇨ safety 名 安全
名 **金庫**

644 □ **dangerous**
[déindʒərəs] 発 綴
デインヂャラス

形 危険な, **危ない**（⇔ safe）
◇ a **dangerous** situation
危険な状態
⇨ danger 名 危険

645 □ **huge**
[hjú:dʒ] 発
ヒューヂ

形 巨大な, **ばくだいな**（⇔ tiny）
◇ a **huge** tree
巨大な木

646 □ **tiny**
[táini]
タイニ

形 とても小さい, **ちっぽけな**（⇔ huge）
◇ a **tiny** baby
とても小さい赤ちゃん

647 □ **loose**
[lú:s] 発
るース

形 ゆるい, **ゆるんだ**（⇔ tight）
◇ These pants are a little **loose** around the waist.
このズボンはちょっとウエストのところが**ゆるい**。

648 □ **tight**
[táit] 発
タイト

形 ①（服などが）きつい, **きつく締まった**（⇔ loose）
◇ These jeans are too **tight**.
このジーンズは**きつ**すぎる。
②（ひもなどが）**ぴんと張った**

» 組み合わせで覚える形容詞

649 □ **fast**
[fǽst]
ふぁスト

形 (速度が) 速い
◇ a **fast** car
速い車
副 速く, しっかりと

---

650 □ **quick**
[kwík]
クウィック

形 (動作が) 速い, すばやい
◇ a **quick** learner
覚えの速い人
⇨ quickly 副 速く, 急いで

---

651 □ **slow**
[slóu]
スろウ

形 遅い, ゆっくりした
(⇔fast, quick, rapid)
◇ a **slow** runner
遅い走者
⇨ slowly 副 ゆっくりと

---

652 □ **thick**
[θík]
すィック

形 厚い (⇔thin)
◇ a **thick** wall
厚い壁

---

653 □ **fat**
[fǽt]
ふぁット

形 太った (⇔thin)
◇ get **fat**
太る

---

654 □ **thin**
[θín]
すィン

形 ① 薄い (⇔thick)
◇ a **thin** book
薄い本
② 細い, やせた (⇔fat)
◇ a **thin** line
細い線

» 国際関係に関する語

655 □ **nation**
[néiʃən]
ネイション

名 国家, 国民
◇ a new **nation**
新しい国家
⇨ national 形 国の, 国家の

656 □ **international**
[ìntərnǽʃənəl] ア
インタナぁショヌル

形 国際的な
◇ an **international** meeting
国際会議

657 □ **relationship**
[riléiʃənʃìp]
リれイションシップ

名 関係, 間柄（≒relation）
◇ the **relationship** between the two countries
二国間の関係
⇨ relate 動 ～と関連づける
⇨ relative 名 親類, 親戚

658 □ **influence**
[ínfluəns] ア
インふるエンス

名 影響
◇ *have* an **influence** *on* people
人びとに影響を与える
動 ～に影響を与える

659 □ **leader**
[lí:dər]
りーダ

名 指導者, リーダー
◇ a political **leader**
政治の指導者
⇨ lead 動 ～を導く

660 □ **abroad**
[əbrɔ́:d]
アブロード

副 外国へ [に], 海外へ [に]
◇ go **abroad** on business
仕事で外国へ行く
➡ study **abroad** 留学する

地位・職業など（2）

661 **guest**
[gést] 綴
ゲスト
名（招待された）客
◇ a **guest** at a party
パーティーの招待客

---

662 **manager**
[mǽnidʒər] ア
マぁニヂャ
名 経営者，支配人
◇ a good **manager**　優れた経営者
⇨ manage 動 ～を管理する
⇨ management 名 経営，管理

---

663 **captain**
[kǽptən]
キぁプテン
名 船長，機長，主将
◇ the **captain** of this ship
この船の船長

---

664 **pilot**
[páilət]
パイろト
名 操縦士，パイロット
◇ an experienced **pilot**
経験豊かな操縦士

---

665 **poet**
[póuət] 発
ポウエット
名 詩人，歌人
◇ an American **poet**
アメリカの詩人
⇨ poem 名 詩

---

666 **relative**
[rélətiv]
レらティヴ
名 親戚，親類，身内
◇ a close **relative**
近い親戚

---

667 **politician**
[pὰlətíʃən]
パりティシャン
名 政治家
◇ a local **politician**
地元の政治家
⇨ politics 名 政治；政治学
⇨ political 形 政治（上）の

---

668 □ **coach**
[kóutʃ]
コウチ

名 コーチ，監督
◇ a baseball **coach**
野球のコーチ

≫戦う・打つなど

669 □ **kick**
[kík]
キック

動 ～をける，～をけって動かす
◇ **kick** a ball
ボールをける

670 □ **fight**
[fáit] 発
ふァイト

動 戦う，戦争する　<fight-fought-fought>
◇ **fight** *for* freedom　自由のために戦う
➡ **fight** against ...　…と戦う

671 □ **hit**
[hít]
ヒット

動 ～を打つ，～をなぐる　<hit-hit-hit>
◇ **hit** a ball with a bat
バットでボールを打つ

672 □ **beat**
[bí:t]
ビート

動 ① ～を打ち負かす　<beat-beat-beaten[beat]>
◇ She **beat** him at tennis.
彼女はテニスで彼を打ち負かした。
② (続けざまに) ～をたたく，打つ

673 □ **knock**
[nák] 発
ナック

動 ① (ドアなどを) ノックする
◇ **knock** *on* the door　ドアをノックする
② 強く打つ

674 □ **shoot**
[ʃú:t]
シュート

動 ① ～を撃つ　<shoot-shot-shot>
◇ The hunter **shot** the bird.
その狩人は鳥を撃った。
② (球技で) シュートする

≫ 病気・けがなどに関する語

675 □ **disease**
[dizíːz] 発 ア
ディ**ズィ**ーズ

名 病気
◇ a serious **disease**　重病
⇨ ill, sick 形 病気の
⇨ illness, sickness 名 病気

---

676 □ **patient**
[péiʃənt] 発
ペイシェント

名 **患者**
◇ a **patient** in the hospital　入院**患者**
形 **がまん強い**
⇨ patience 名 忍耐

---

677 □ **medicine**
[médəsn] ア
メディスン

名 ①（内服）**薬**
◇ take **medicine**　**薬**を飲む
② **医学**

69 **飲み薬の種類**：薬局などで買う飲み薬は，その形状によって呼び名が異なる。飲み方を指示される場合，medicine「薬」という語を使わずに，Take a tablet after dinner.「夕食後に1錠飲んでください」などと表現される場合もあるので，注意しよう。

tablet 錠剤

syrup 液薬

powder 粉薬

capsule カプセル

---

678 □ **cancer**
[kǽnsər]
キぁンサ

名 がん
◇ **cancer** research
がんの研究

679 □ **accident**
[ǽksədənt] ア
あクスィデント

名 ① 事故
◇ traffic **accident**　交通事故
② 偶然
➡ by **accident** 偶然に

680 □ **injure**
[índʒər]
インヂャ

動 ～にけがをさせる，～を傷つける
◇ *be* **injured** *in* a fire
火事でけがをする
⇨ injury 名 負傷

681 □ **suffer**
[sʌ́fər]
サふァ

動《suffer from ... で》(病気など)で苦しむ
◇ **suffer** *from* a bad cold
ひどいかぜで苦しむ

682 □ **treat**
[tríːt] 発
トリート

動 ① ～を治療する
◇ **treat** patients　患者を治療する
② ～を扱う
◇ **treat** *someone* like one of the family
人を家族のように扱う
③ ～をもてなす
⇨ treatment 名 治療；扱い

683 □ **recover**
[rikʌ́vər]
リカヴァ

動 ① 回復する
➡ **recover** from ... …から回復する
◇ **recover** *from* the disease
病気から回復する
② ～を取り戻す

基本動詞⑧

684 □ **make** <make-made-made>
[méik] [méid]
メイク メイド

□ I **made** a big snowman.
私は大きな雪だるまを**作った**。

make は，何かに力や作用を加えることによって，別のものを生み出すという意味を表す。

基本的な使い方

「何かを生み出す」⇒「作る」という意味になる。「何か」を「相手」に作るという表現の場合，〈make ＋相手＋何か〉と〈make ＋何か＋ for ＋相手〉という表し方がある。

□ ① She **made** a cake *for* her son.	彼女は息子のためにケーキを**作った**。
□ ② I **made** her a sandwich.	私は彼女にサンドイッチを**作った**。
□ ③ The walls *are* **made** *of* brick.	その壁はれんがで**できている**。

「『ある状況』を生み出す」ということから，「何かをそういう状況に作り上げる」⇒「～にする」という意味になる。

□ ④ The movie **made** him *a star.*	その映画は彼を**スター**にした。
□ ⑤ She **made** me *laugh.*	彼女は私を**笑わ**せた。

「力を加える」という意味合いから，「～させる」という表現のとき，have よりも強制の意味が強くなる。

□ ⑥ My mom **made** me *go* to the dentist.	母は私を歯医者に**行か**せた。

≫ make を使った熟語

make a mistake, make a noise, make sure of ..., make friends with ..., make up *one's* mind, make fun of ...

685	□	I **made a** careless **mistake**.	私は不注意な**間違い**を**した**。
686	□	Don't **make a noise**.	**音を立て**ないで。
687	□	**Make sure of** the price before you buy something.	何かを買う前に値段**を確かめ**なさい。
688	□	It's easy for me to **make friends with** new classmates.	新しいクラスメイトたち**と親しくなる**のは私には簡単なことだ。
689	□	Finally, he **made up his mind** and bought the car.	ついに彼は**決心して**，その車を買った。
690	□	Don't **make fun of** your younger brother.	弟さん**をからかって**はいけないよ。

» 友人と出かける

A

Peter: Hi, Mari. Are you going to do anything this weekend?
Mari: Well, I want to see the new *Catman* movie on Sunday.
Peter: Oh, yeah, I heard it's good. Where are you going to see it?
Mari: At the Vista Plaza. **Would you like to come with us?**
Peter: Sure, **I'd love to.**
Mari: OK, **I'll call you later** to make plans.

ピーター： やあ，真理。今週末は何か予定があるの？
真理： ええ，日曜日に映画『キャットマン』の新作を見に行きたいの。
ピーター： いいね，おもしろいらしいよ。どこへ見に行くの？
真理： ヴィスタ・プラザに。**いっしょに行きませんか？**
ピーター： もちろん，**喜んで。**
真理： わかったわ。予定を立てるために**あとで電話するね。**

691 □ **Would you like to come with us?** いっしょに行きませんか？

70 **勧誘する：**Why don't you come with us? や How about coming with us? といった表現もある。

692 □ **I'd love to.** 喜んで。

71 **I'd love to. の用法：**I'd love to *do* で「ぜひ…したい」という意味を表し，単に I'd love to. の場合は快く受け入れることを表す。

693 □ **I'll call you later.** あとで電話するね。

B

Peter: Hello?
Mari: Hi Peter. It's Mari.
Peter: Oh, hi Mari, did you check when the movie starts?
Mari: Yeah. The movie starts at 4:15. **Let's meet in front of** Stanley Station at 3:30.
Peter: **I got it. By the way,** do you have tickets?
Mari: Yes, I ordered them on the Internet.
Peter: Great, thanks. **See you** at the station tomorrow.
Mari: **See you**. Bye.

ピーター：　もしもし？
真理：　こんばんは，ピーター。真理です。
ピーター：　やあ，真理，映画が何時に始まるか調べたかい？
真理：　うん。映画は 4 時 15 分に始まるの。3 時半にスタンリー駅**の前で会いましょう**。
ピーター：　**わかったよ。ところで**，チケットはあるの？
真理：　ええ，インターネットで注文したわ。
ピーター：　わあ，ありがとう。**じゃあね**，明日，駅で。
真理：　**またね**。バイバイ。

694 □ **Let's meet in front of ...**　…の前で会いましょう。

695 □ **I got it.**　わかったよ。

696 □ **By the way,**　ところで，

697 □ **See you.**　じゃあね [またね]。

72 **会話を終える表現：**「じゃあね」「またね」といった表現には See you. のほかに，Talk to you later. や Bye for now. などがある。

» on/out を含む熟語

698	□ **on business**	仕事で, **商用で**
699	□ **on purpose**	わざと, **故意に**
700	□ **on** *one's* **way to ...**	…へ行く途中で
701	□ **on earth**	《疑問詞のあとで》いったい全体
702	□ **out of date**	時代遅れの (⇔up to date 最新の, 最新式の)
703	□ **out of order**	故障して

» 基本動詞句③

704	□ **carry out**	～を実行する
705	□ **catch up with ...**	…に追いつく
706	□ **say hello to ...**	…によろしく伝える
707	□ **find out**	(努力して) ～を知る, **～を調べる** (正体など) **を見破る**
708	□ **stand for ...**	…の略である, **…を表す**

My father is now in Europe **on business**.	私の父は今仕事でヨーロッパにいる。
Did you really do it **on purpose**?	あなたは本当にそれをわざとやったのか。
I saw him **on my way to** school.	私は学校へ行く途中で彼を見かけた。
What **on earth** are you doing here?	いったい全体あなたはここで何をしているのか。
Some of my clothes are **out of date**.	私の服の何着かは時代遅れだ。
This elevator is **out of order**.	このエレベーターは故障している。

Your plan is easy to **carry out**.	君の計画は実行しやすい。
I'll **catch up with** you later.	あとで君に追いつくよ。
Please **say hello to** your parents.	あなたのご両親によろしく伝えてください。
I want to **find out** the real name of the singer.	私はその歌手の本名を知りたい。
Do you know what U.K. **stands for**?	U.K.が何の略だか知っている？

≫街：town

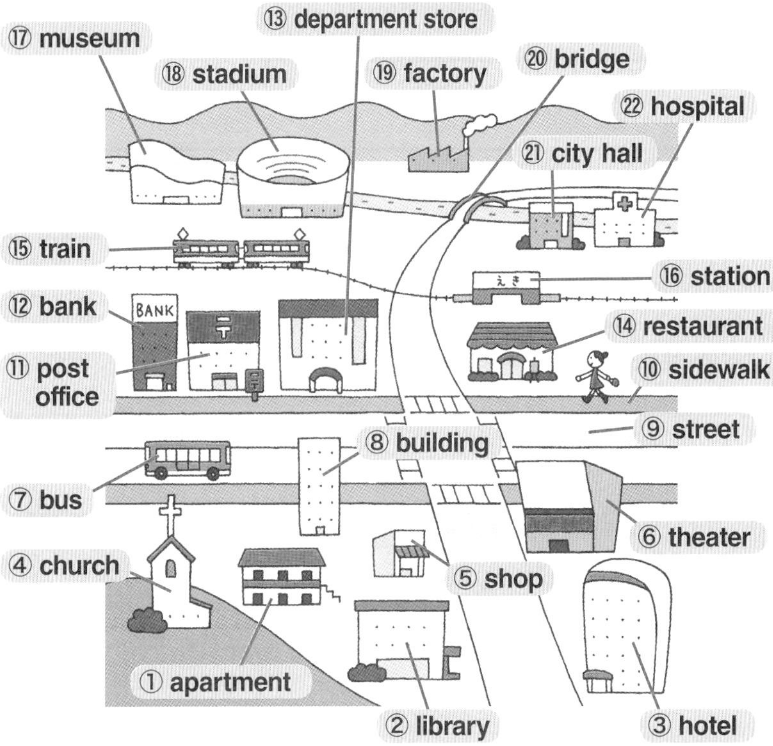

⑰ museum
⑬ department store
⑱ stadium
⑲ factory
⑳ bridge
㉒ hospital
㉑ city hall
⑮ train
⑯ station
⑫ bank
⑭ restaurant
⑪ post office
⑩ sidewalk
⑨ street
⑧ building
⑦ bus
⑥ theater
④ church
⑤ shop
① apartment
② library
③ hotel

① [əpɑ́ːrtmənt]（アパートメント）アパート　② [láibrèri]（らイブレリ）図書館　③ [houtél]（ホウテる）ホテル　④ [tʃə́ːrtʃ]（チャ〜チ）教会　⑤ [ʃɑ́p]（シャップ）店　⑥ [θíətər]（すィアタ）劇場　⑦ [bʌ́s]（バス）バス　⑧ [bíldiŋ]（ビるディング）ビル　⑨ [stríːt]（ストリート）大通り　⑩ [sáidwɔ̀ːk]（サイドウォーク）歩道　⑪ [póust ɑ̀fəs]（ポウスト アふィス）郵便局　⑫ [bǽŋk]（バぁンク）銀行　⑬ [dipɑ́ːrtmənt stɔ̀ːr]（ディパートメント ストー）デパート　⑭ [réstərɔ̀nt]（レストラント）レストラン　⑮ [tréin]（トレイン）列車　⑯ [stéiʃən]（ステイション）駅　⑰ [mjuːzíəm]（ミューズィアム）博物館　⑱ [stéidiəm]（ステイディアム）スタジアム　⑲ [fǽktəri]（ふぁクトゥリ）工場　⑳ [brídʒ]（ブリッヂ）橋　㉑ [síti hɔ́ːl]（スィティ ホーる）市役所　㉒ [hɑ́spitəl]（ハスピトる）病院

Level 5

Database 1700

人との関係を作る動詞（1）

709 □ **lead** [lí:d] りード
動 ～を導く，～を案内する <lead-led-led>
⇨ leader 名 指導者，リーダー

710 □ **marry** [mǽri] マぁリ
動 (～と) 結婚する　⇨ marriage 名 結婚
➡ *be* **married** (to ...) (…と) 結婚している
➡ get **married** (to ...) (…と) 結婚する

711 □ **invite** 発 [inváit] インヴァイト
動 ～を招待する，～を誘う
⇨ invitation 名 招待

712 □ **contact** [kántækt] カンタぁクト
動 ～に連絡を取る；～に接触する
名 連絡，接触

態度

713 □ **behavior** 発 [bihéivjər] ビヘイヴャ
名 ふるまい，行動
⇨ behave 動 ふるまう，行動する

714 □ **manner** [mǽnər] マぁナ
名 ①《mannersで》行儀，礼儀
②方法，やり方（≒ way）
➡ in this **manner** このような方法で

715 □ **trust** [trʌ́st] トラスト
動 ～を信じる，～を信頼する
名 信頼，信用

716 □ **admire** ア [ədmáiər] アドマイア
動 ～に感心する，～を賞賛する

717 □ **praise** 発 [préiz] プレイズ
動 ～をほめる
名 賞賛

718 □ **hate** [héit] ヘイト
動 ～をひどく嫌う，～を憎む（⇔ love）

719 □ **ignore** [ignɔ́:r] ア イグノー
動 ～を無視する

She **led** the team *to* victory.	彼女はチームを勝利に**導いた**。
He **married** a woman from France.	彼はフランス出身の女性と**結婚した**。
She **invited** me to her birthday party.	彼女は私を彼女の誕生パーティーに**招待してくれた**。
You should **contact** the police.	警察に**連絡を取った**ほうがいいよ。

She got angry at her child's bad **behavior**.	彼女は自分の子どもの悪い**ふるまい**に腹を立てた。
The children *had good* **manners**.	子どもたちは**行儀**がよかった。
Trust me, everything will be OK.	私を**信じて**，すべてうまくいくから。
Everyone **admired** his son's paintings.	だれもが彼の息子の絵に**感心した**。
They **praised** her *for* her hard work.	彼らは彼女の努力を**ほめた**。
I **hated** carrots when I was a child.	私は子どものころひどくニンジンを**嫌っていた**。
The phone rang, but she **ignored** it.	電話が鳴ったが，彼女は**無視した**。

» 人との関係を作る動詞（2）

720 □ **protect**
[prətékt] ア プロテクト
動 ～を守る，～を保護する
⇨ protection 名 保護

721 □ **hurt**
[hə́ːrt] ハ～ト
動 ～を傷つける；痛む <hurt-hurt-hurt>

722 □ **celebrate**
[séləbrèit] ア セれブレイト
動 ～を祝う
⇨ celebration 名 祝い

723 □ **attract**
[ətrǽkt] アトラぁクト
動 ～をひきつける
⇨ attractive 形 魅力的な，人をひきつける

» 気象に関する語

724 □ **weather**
[wéðər] 発 綴 ウェざ
名 天気，天候

725 □ **climate**
[kláimət]
クらイメト
名 気候

726 □ **storm**
[stɔ́ːrm] ストーム
名 あらし，暴風雨
⇨ stormy 形 あらしの，荒れ模様の

727 □ **rain**
[réin] レイン
名 雨 ⇨ rainy 形 雨降りの，雨の多い
動 雨が降る

728 □ **snow**
[snóu] スノウ
名 雪 ⇨ snowy 形 雪の降る，雪の多い
動 雪が降る

729 □ **blow**
[blóu] ブろウ
動（風が）吹く，息を吐く <blow-blew-blown>

730 □ **cloud**
[kláud] 発 クらウド
名 雲
⇨ cloudy 形 くもっている

The mother bird **protected** its baby *from* the rain.	母鳥はひなを雨から**守った**。
I don't want to **hurt** your feelings.	私はあなたの感情を**傷つけ**たくない。
How do you **celebrate** Christmas in your country?	あなたの国ではどのようにクリスマスを**祝い**ますか。
The beach **attracts** a lot of visitors in the summer.	その浜辺は夏に多くの観光客を**ひきつける**。

We couldn't go swimming in the sea because of the bad **weather**.	**天気**が悪かったので，私たちは海に泳ぎに行けなかった。
What can we do about global **climate** change?	地球の**気候**の変化について私たちは何ができるだろうか。

73 **weather と climate**：weather は特定の日の天候を表し，climate はある地域の年間を通じての気候を表す。

A sudden **storm** hit the city.	突然の**あらし**がその街をおそった。
I don't want to go out in the **rain**.	私は**雨**の中を出かけたくない。
The road was closed because of heavy **snow**.	その道は大**雪**のため閉鎖された。
The cold wind **blows** hard in winter.	冬には冷たい風が強く**吹く**。
There wasn't a **cloud** in the sky.	空には**雲**ひとつなかった。

天気を表現する

731	**dry** [drái] ドライ	形 乾いた, 雨の降らない (⇔wet, rainy)
732	**wet** [wét] ウェット	形 ぬれた, 湿った (⇔dry)
733	**humid** [hjú:mid] ヒューミッド	形 湿気の多い, 湿っぽい
734	**mild** [máild] マイるド	形 (天候・態度・程度などが) おだやかな
735	**warm** [wɔ́:rm] 発 ウォーム	形 あたたかい ; 思いやりのある ⇨ warmth [wɔ́:rmθ] ウォームす 名 あたたかさ, 思いやり
736	**cool** [kú:l] クーる	形 ① すずしい ② かっこいい
737	**sunny** [sʌ́ni] サニィ	形 よく晴れた, 日当たりのよい
738	**windy** [wíndi] ウィンディ	形 風の強い ⇨ wind 名 風
739	**heat** [hí:t] ヒート	名 暑さ ; 熱さ, 熱 ⇨ hot 形 暑い ; 熱い

破壊

740	**damage** 発 ア [dǽmidʒ] ダぁメッヂ	動 ～に損害を与える, ～に被害を加える 名 損害, 被害
741	**destroy** [distrɔ́i] ディストロイ	動 ～を破壊する, ～を壊す ⇨ destruction 名 破壊
742	**burn** [bɔ́:rn] 発 バ～ン	動 ～を燃やす, ～を焼く <burn-burned-burned>, <burn-burnt-burnt>

Keep the paintings in a **dry** place.	それらの絵画は**乾いた**場所に置いておくように。
We *got* **wet** in the rain.	私たちは雨に**ぬれて**しまった。
John was surprised by the **humid** air of Tokyo.	ジョンは東京の**湿気の多い**空気に驚いた。
The weather was **mild** last winter.	去年の冬の天気は**おだやか**だった。
It's cold today, so put on a **warm** coat.	今日は寒いから，**あたたかい**コートを着なさい。
We found a **cool** place to rest.	私たちは休むための**すずしい**場所を見つけた。
It was a **sunny** day.	**よく晴れた**日だった。
It's so **windy** today!	今日はとても**風が強い**ね！
I can't stand this **heat.**	私はこの**暑さ**にはがまんできない。

Her car was **damaged** in the accident.	彼女の車はその事故で**損害を与えられた**。
The enemy **destroyed** the bridge.	敵がその橋を**破壊した**。
He **burned** the old letters.	彼は古い手紙を**燃やした**。

≫旅行に関する語（1）

743 □ **trip**
[tríp] トリップ
名 旅行

744 □ **travel**
[trǽvəl] トラぁヴる
動 旅行する
名（一般的な）旅行
⇨ traveler 名 旅人，旅行者

745 □ **journey**
[dʒə́:rni] 綴 チャ～ニ
名（長期の）旅行

746 □ **tour**
[túər] トゥア
名 旅行，ツアー
⇨ tourism 名 観光事業
⇨ tourist 名 観光客

747 □ **visit**
[vízət] ヴィズィト
動 ～を訪れる，～を訪問する
名 訪問，見学；視察
⇨ visitor 名 訪問客

748 □ **fly**
[flái] ふらイ
動 飛行機で行く，（鳥・飛行機などが）飛ぶ
⇨ flight 名 飛行 <fly-flew-flown>

749 □ **ticket**
[tíkət] ティケト
名 切符，入場券

750 □ **seat**
[sí:t] スィート
名 席，座席

751 □ **distance**
[dístəns] ディスタンス
名 距離；隔たり
⇨ distant 形 遠い，離れた
➡ in the **distance** 遠くに

We went to Okinawa for our school **trip**.	私たちは修学**旅行**で沖縄に行った。
I want to **travel** around the world.	世界一周**旅行**したい。
They *went on a* **journey** across the desert.	彼らは砂漠を横断する**旅**に出かけた。
I took a 5-day **tour** of San Francisco.	私はサンフランシスコ5日間の**旅**に出た。

74 **「旅行」のいろいろ**：**trip** は目的や期間が明確な短い旅行を指し，**travel** は周遊・観光旅行を指す一般的な語である。**journey** は陸路による長い困難な旅を意味する。**tour** は何か所かを回る周遊旅行を意味する。

I'm going to **visit** my father's office today.	私は今日，父親の会社を**訪れる**予定だ。
I **flew** from Tokyo to Hiroshima.	私は東京から広島へ**飛行機で行った**。
She bought a one-way **ticket** to Paris.	彼女はパリまでの片道**切符**を買った。
Please *take a* **seat**.	どうぞ**席**にお座りください。
What is the **distance** from New York to Boston?	ニューヨークからボストンまでの**距離**はどれくらいですか。

よい状態を表す語

752 □ **fun**
[fʌ́n] ふアン
名 楽しみ, おもしろさ
⇨ funny 形 楽しい

753 □ **pure**
[pjúər] ピュア
形 純粋な；清純な

754 □ **useful**
[júːsfl] ユースふる
形 役に立つ, 有益な

755 □ **familiar**
[fəmíljər] ア
ふアミりャ
形 ① なじみの, よく知られた　② 親しい
③《*be* familiar with〈物事〉で》〈物事〉をよく知っている
➡ **be familiar** to〈人〉
〈人〉によく知られている

756 □ **lucky**
[lʌ́ki] らッキィ
形 幸運な (≒ fortunate)
⇨ luck 名 幸運

757 □ **joy**
[dʒɔ́i] ヂォイ
名 うれしさ, 喜び

環境・資源 (1)

758 □ **wild**
[wáild] ワイるド
形 野生の, 自然のままの；荒れた

759 □ **forest** 発 ア
[fɔ́rəst] ふォレスト
名 森, 森林

760 □ **wood**
[wúd] 発
ウッド
名 ① 木, 木材
②《woods で》森, 林
⇨ wooden 形 木製の

761 □ **fuel**
[fjúːəl] 発 ふューエる
名 燃料

Are you *having* **fun**?	楽しんでいますか。
This cup is made of **pure** gold.	このカップは純粋な金でできている。
This book is **useful** for students.	この本は生徒たちの役に立つ。
She looks **familiar** to me.	彼女は私にとってなじみがあるように見える。
John *is* very **familiar** *with* Japanese culture.	ジョンは日本の文化をよく知っている。
We were **lucky** to get the free tickets.	私たちが無料のチケットを入手できたのは幸運だった。
I *jumped for* **joy** when I heard the news.	私はそのニュースを聞いたときうれしくてとびあがった。

I want to see the **wild** animals in Africa.	私はアフリカで野生動物を見たい。
We saw a deer in the **forest**.	私たちは森の中でシカを見た。
This doll *is made of* **wood**.	この人形は木でできている。

75 **forestとwoods**：forestは人里から離れていて鳥獣などがいる大きな森を，woodsは比較的人里近く小動物などがいる小さい森［林］を表す。

That old car uses a lot of **fuel**.	あの古い車は燃料を大量に使う。

» 感情を表す語

762 □**fear**
[fíər] 発 ふィア
名 恐れ，恐怖
動 ～を恐れる，～を心配する

763 □**horror**
[hɔ́:rər] ア
ホーラ
名 恐怖　⇨ horrible 形 恐ろしい

764 □**pity**
[píti] ピティ
名 ①《a pity で》残念なこと
②哀れみ

765 □**sorrow**
[sɑ́rou] サロウ
名 悲しみ，不幸

» 景色など

766 □**sight**
[sáit] 発
サイト
名 ①光景，ながめ
②《the sights で》名所
③視力　④見ること
➡ at the **sight** of ...　…を見て
➡ catch **sight** of ...　…を見かける

767 □**scene**
[sí:n] 発 スィーン
名 ①場面
②ながめ，景色

768 □**view**
[vjú:] ヴュー
名 ①ながめ，見晴らし
②見方，意見（＝opinion）
➡ from *one's* point of **view**
～の見地からすれば

769 □**image**
[ímidʒ] 発 ア
イミヂ
名 イメージ，像，映像
⇨ imagine 動 ～を想像する
⇨ imagination 名 想像，想像力

Fear can stop people from trying new things.	**恐れ**は人が新しいことを試みることを妨げる可能性がある。
He screamed *in* **horror**.	彼は**恐怖**のあまり叫んだ。

76 **fearとhorror**：fearは「恐怖」を表す最も一般的な語で，懸念や勇気のなさを表すが，horrorは嫌悪感や反感などを伴った「ぞっとする恐怖」を表す。

It's a **pity** that she couldn't come to the party.	彼女がそのパーティーに来られなかったのは**残念なこと**だ。
I felt deep **sorrow** at the sad news.	私はその悲しいニュースに深い**悲しみ**を感じた。

The rainbow was a beautiful **sight**.	そのにじは美しい**光景**だった。
It's the most famous **scene** in the movie.	それはその映画で最も有名な**場面**だ。
We had a great **view** of Mt. Fuji from our room.	私たちの部屋からの富士山はすばらしい**ながめ**だった。
The Japanese have a good **image** of Lincoln.	日本人はリンカーンによい**イメージ**をもっている。

基本動詞⑨

770 □ **bring** <bring-brought-brought>

[bríŋ] ブリング　[brɔ́ːt] ブロート

□ Did you **bring** your umbrella?
傘を持ってきましたか。

bring は，話し手の方へ向かって何かを持ってくることを表す。
(→ 151 come に「何か」がついてくるイメージ)

基本的な使い方

「持ってくる［いく］」「連れてくる［いく］」という意味を表す。

□ ① I **brought** the book you wanted to borrow.	あなたが借りたがっていた本**を持ってきた**。
□ ② Is it OK if I **bring** my friends to the party?	私の友だちをパーティーに**連れていって**もいいですか。

持ってくる「何か」が抽象的なものや状態の場合は,「もたらす」という意味になる。

□ ③ Money does not **bring** *happiness.*	お金は**幸せをもたらす**ものではない。

» bringを使った熟語

bring in 〜, bring back 〜, bring up 〜,
bring about 〜, bring together 〜

771	□	Don't **bring** those dirty shoes **in** the house!	その汚い靴を家**に持ち込ま**ないで!
772	□	**Bring** the book **back** to him.	彼に本**を返し**なさい。
773	□	She **brought up** five children.	彼女は5人の子ども**を育てた**。
774	□	His careless driving **brought about** the accident.	彼の不注意な運転が,その事故**を引き起こした**。
775	□	The king tried to **bring** the country **together**.	その王は国**をまとめる**努力をした。

Track No.28

旅行に行く

Dad: What are these pamphlets?
Mari: Oh, Dad, I want to go to Hawaii this summer!
Dad: **Sounds good. I've never been there before.**
Mari: **You haven't?** There are a lot of interesting places to see!
Dad: Where do you want to go?
Mari: I want to go to the big shopping mall.
Dad: I think your mother wants to go there, too. I want to see Diamond Head.

父： このパンフレットは何だい？
真理： ああ，お父さん，私，今年の夏はハワイに行きたいの！
父： **いいね。私はいちどもそこへ行ったことがないよ。**
真理： **行ったことがないの？** おもしろい場所がたくさんあるのよ！
父： どこに行きたいの？
真理： 私は大きなショッピング・モールへ行きたいの。
父： お母さんも行きたいだろうね。私はダイヤモンド・ヘッドを見たいよ。

776 □ **Sounds good.** いいね。

77 相づちを打つ： That's a good idea.「それはいい案だね」と言う表現を使うこともできる。

777 □ **I've never been there before.** 私はいちどもそこへ行ったことがない。

778 □ **You haven't?** 行ったことがないの？

78 相手の言葉を確認する： 相手が言ったことをくり返して「本当にそうなの？」という意味を表している。「本当に？」と言う場合，ほかにもReally? Are you sure? などの表現がある。

(*At Honolulu Airport*)

Officer: **Will you show me** your passport?
Mari: Here you are.
Officer: **How long are you going to stay in** Hawaii?
Mari: Five days.
Officer: Are you traveling with your family?
Mari: Yes, with my mother and father.
Officer: OK. **Enjoy your stay.**
Mari: Thank you.

(ホノルル空港で)
審査官：　パスポートを見せていただけますか？
真理：　どうぞ。
審査官：　ハワイにはどれくらい滞在しますか？
真理：　5日です。
審査官：　家族といっしょに旅行をしていますか？
真理：　はい，母と父といっしょです。
審査官：　結構です。滞在を楽しんでください。
真理：　ありがとう。

779 □ **Will you show me ...?** …を見せていただけますか？

780 □ **How long are you going to stay in ...?** …にはどれくらい滞在しますか？

79 **入国審査**：入国審査でWhat is the purpose of your visit?「訪問の目的は何ですか」と聞かれた場合，観光であればSightseeing. と答えればよい。

781 □ **Enjoy your stay.** 滞在を楽しんでください。

人の性質を表す語（2）

782 **lazy**
[léizi] れイズィ
形 怠惰な，不精な

783 **strict**
[stríkt] ストリクト
形 厳しい；厳密な

784 **polite**
[pəláit] ポらイト
形 礼儀正しい（⇔ impolite 失礼な，無礼な）
⇨ politeness 名 礼儀正しさ，ていねいさ

785 **tough**
[tʌ́f] 発 タふ
形 ① たくましい，じょうぶな
② 骨の折れる，困難な

786 **cheerful**
[tʃíərfl] 発 チアふる
形 快活な，元気のいい
⇨ cheer 動 ～を元気づける　名 歓声

787 **intelligent**
[intélidʒənt] ア
インテりヂェント
形 知能の高い，知性のある，かしこい
⇨ intelligence 名 知能

788 **attractive**
[ətrǽktiv]
アトラぁクティヴ
形 魅力的な，人をひきつける
⇨ attract 動 ～をひきつける

環境・資源（2）

789 **oil**
[ɔ́il] オイる
名 石油，油

790 **iron**
[áiərn] 発 ア アイアン
名 鉄；アイロン

791 **desert**
[dézərt] 発 ア
デザト
名 砂漠，荒野
! dessert [dizə́ːrt] ディザ～ト 発 ア 名（食事の）デザート

792 **planet**
[plǽnit] プらぁネット
名 惑星

Don't be so **lazy**.	そんなに**怠惰**になってはいけない。
My father is very **strict** *with* me.	私の父は私にとても**厳しい**。
That isn't a **polite** thing to say.	それは**礼儀正しい**発言ではない。
She is only a child, but she is **tough**.	彼女はほんの子どもだが，彼女は**たくましい**。
His grandmother is bright and **cheerful**.	彼の祖母は聡明で**快活な**人だ。
A dolphin is an **intelligent** animal.	イルカは**知能の高い**動物だ。
I found her voice **attractive**.	私は彼女の声が**魅力的だ**と感じた。

The price of **oil** is rising.	**石油**の価格があがっている。
Strike while the **iron** is hot.	《ことわざ》**鉄**は熱いうちに打て。
The **desert** was really hot and dry in the daytime.	**砂漠**は日中は非常に暑くて乾燥していた。
The Earth is the third **planet** from the sun.	地球は太陽から3番目の**惑星**だ。

» 海・湖など

793 □ **ocean**
[óuʃən] 発 オウシャン
名《the ocean で》海, 大洋

794 □ **lake**
[léik] れイク
名 湖

795 □ **pond**
[pάnd] パンド
名 池

796 □ **beach**
[bíːtʃ] ビーチ
名 浜辺, 海辺

797 □ **coast**
[kóust]
コウスト
名 海岸, 沿岸

798 □ **wave**
[wéiv] ウェイヴ
名 波
動 (手など) を振る

» 区分する・選ぶ

799 □ **choose**
[tʃúːz] チューズ
動 ～を選ぶ <choose-chose-chosen>
⇨ choice 名 選択, 選択肢

800 □ **divide** 綴
[diváid] ディヴァイド
動 ～を分ける；分かれる

801 □ **separate**
[sépərèit] セパレイト
動 ① ～を分ける；分かれる ② ～を引き離す
形 別の, 分かれている

802 □ **select**
[səlékt] セれクト
動 ～を選ぶ, ～を選択する
⇨ selection 名 選ぶこと；選ばれたもの

803 □ **election**
[ilékʃən] イれクション
名 選挙
⇨ elect 動 ～を選挙する, ～を (…に) 選ぶ

Buying a house near *the* **ocean** is my dream.	海の近くの家を買うのが私の夢だ。
We walked around the **lake**.	私たちは湖のまわりを散歩した。
I saw a frog jump into the **pond**.	私は池にカエルが飛び込むのを見た。
Let's go to the **beach** tomorrow.	明日，浜辺に行こう。
California is on the west **coast** of the United States.	カリフォルニアはアメリカ合衆国の西海岸にある。

80 **beach と coast**：どちらも「岸」を表しているが，beach は主に砂浜の海岸を意味し，coast はもっと広い範囲を表し，地理的な国土の沿岸などを意味する。

The ship was going against the **waves**.	その船は波に立ち向かって進んでいた。

She **chose** the red dress.	彼女は赤いドレスを選んだ。
We **divided** the cake *into* smaller pieces.	私たちはそのケーキを小さく分けた。
A thin wall **separated** the two rooms.	1枚の薄い壁が2つの部屋を分けていた。
He hoped to be **selected** for the national team.	彼は国代表のチームに選ばれたいと望んでいた。
The **election** will be in November.	その選挙は11月にある。

趣味・娯楽に関する語

804 □ **hobby** [hábi] ハビ
名 趣味，楽しみ

805 □ **movie** [mú:vi] ムーヴィ
名 《米》映画

806 □ **film** [fílm] ふィるム
名 ①《英》映画
②（写真の）フィルム

807 □ **photograph** [fóutəgræ̀f] 発 ア ふォウトグラぁふ
名 写真（＝photo, picture）
⇨ photographer 名 写真家

808 □ **fan** [fǽn] ふぁン
名 ① ファン，愛好家
② 扇，扇風機

809 □ **band** [bǽnd] バぁンド
名 ① バンド，楽隊
② 輪，帯，ひも
➡ a rubber **band** 輪ゴム

言語活動（5）

810 □ **meaning** [mí:niŋ] ミーニング
名 意味，意義
⇨ mean 動 ～を意味する

811 □ **opinion** [əpínjən] オピニョン
名 意見，考え

812 □ **sentence** [séntəns] センテンス
名 文，文章

813 □ **conversation** [kɑ̀nvərséiʃən] カンヴァセイション
名 会話，対話

814 □ **discussion** [diskʌ́ʃən] ディスカション
名 議論，話し合い
⇨ discuss 動 ～について議論する

My **hobby** is reading books.	私の**趣味**は読書です。
Let's go to see a **movie** this weekend.	この週末に**映画**を見に行こう。
Carlo is making a new **film** right now.	カーロは今ちょうど新しい**映画**を作っている。
Do you have any **photographs** of her?	彼女の**写真**を持っていますか。
Cindy was a soccer **fan**, but now she likes baseball.	シンディはサッカー**ファン**だったが，今は野球が好きだ。
I will go to my friend's brass **band** concert tomorrow.	私は明日，友人のブラス**バンド**コンサートに行く。

What is the **meaning** of this word?	この言葉の**意味**は何ですか。
In my **opinion**, he is wrong.	私の**意見**では，彼は間違っている。
Please write short and simple **sentences**.	短く簡単な**文**を書いてください。
I *had a* long **conversation** *with* Paul last night.	私はゆうべポールと長い**会話**をした。
Let's *have a* **discussion** *about* it tomorrow.	明日，それについて**議論**しましょう。

仕事に関する語（3）

815 **skill** [skíl] スキる
名 ① 技能，技術 ② 腕前，技量
⇨ skillful 形 腕のいい，熟練した

816 **industry** [índəstri] ア インダストリ
名 ① 産業，工業 ② 勤勉
⇨ industrial 形 産業の，工業の
⇨ industrious 形 勤勉な，よく働く

817 **perform** [pərfɔ́ːrm] ア パふォーム
動 ① ～を演奏する；～を演じる
② ～を行う
⇨ performance 名 公演，演奏，演技

818 **career** [kəríər] ア カリア
名 ①（一生の）仕事，職業
② 経歴

819 **quality** [kwɑ́ləti] クウァりティ
名 質（⇔quantity 量）

820 **quantity** [kwɑ́ntəti] クウァンティティ
名 量（⇔quality 質）

821 **prove** [prúːv] 発 プルーヴ
動 ① ～を証明する ⇨ proof 名 証拠
②《prove to beで》～であることがわかる

822 **achieve** [ətʃíːv] アチーヴ
動（目的など）を達成する，～を成し遂げる
⇨ achievement 名 達成

823 **manage** [mǽnidʒ] 発 ア マぁニヂ
動 ①《manage to *do*で》どうにかして～する
② ～を経営する ⇨ management 名 経営

824 **average** [ǽvəridʒ] ア あヴェリヂ
形 平均の，ふつうの
名 平均，標準

825 **factory** [fǽktəri] ふぁクタリ
名 工場

826 **labor** [léibər] れイバ
名 労働

She has good speaking **skills**.	彼女は優れた会話の**技能**を持っている。
My father works in the computer **industry**.	私の父はコンピュータ**産業**で働いている。
My sister **performed** in the classical music concert.	私の妹［姉］はクラシック音楽のコンサートで**演奏した**。
I want to *have a* **career** *in* publishing.	私は出版の**仕事**につきたい。
I like the high **quality** of Swiss watches.	私はスイス時計の高い**品質**が好きだ。
We need *a large* **quantity** *of* sugar to make the cake.	そのケーキを作るには多**量**の砂糖が必要だ。
You have to **prove** your skills.	あなたは自分の技能を**証明し**なければならない。
Sarah worked hard and **achieved** her goals.	サラは一生懸命働いて，彼女の目標を**達成した**。
John **managed** *to pass* the test.	ジョンは**どうにか**その試験に合格**した**。
What is the **average** age of the players on this team?	このチームの選手たちの**平均**年齢はいくつですか。
Four hundred people work in this **factory**.	400人の人がこの**工場**で働いている。
Working in the factory was hard **labor**.	その工場で働くのは重**労働**だった。

言語活動 (6)

827 □ **discuss**
[diskʌ́s] ア
ディスカス

動 ～を話し合う (= talk about ～)
⇨ discussion 名 討論
! × *discuss* about the matter
○ *discuss* the matter

828 □ **argue**
[ɑ́ːrgjuː] アーギュー

動 ① 議論する　② ～と主張する
⇨ argument 名 ① 議論；主張　② 口論

829 □ **debate**
[dibéit] ア
ディベイト

動 (～を) 討論する
名 討論, 論争

830 □ **repeat**
[ripíːt] リピート

動 ～をくり返す
⇨ repetition 名 くり返し

831 □ **nod**
[nɑ́d] ナッド

動 うなずく
名 うなずき

832 □ **insist**
[insíst] ア インスィスト

動 (～を) 主張する　⇨ insistence 名 主張
➡ **insist** on ... …を主張する

833 □ **criticize**
[krítəsàiz] ア クリタサイズ

動 ① ～を非難する　② ～を批評する
⇨ criticism 名 ① 非難　② 批評

834 □ **comment**
[kɑ́ment] ア
カメント

動《comment on ... で》…について意見を述べる, …について批評する
名 意見, 論評, 批評, コメント

835 □ **advice** 発 ア
[ədváis] アドヴァイス

名 助言, 忠告
⇨ advise [ədváiz] アドヴァイズ 動 ～に助言する

836 □ **gesture**
[dʒéstʃər] ヂェスチャ

名 身振り, しぐさ, ジェスチャー

I want to **discuss** the problem with you.	私はあなたとその問題について**話し合い**たい。
I don't want to **argue** *about* it.	私はそのことで**議論**したくない。
We **debated** for three hours before making a decision.	私たちは決定を下す前に3時間**討論した**。

81 **discuss, argue, debate**：discussは「あらゆる角度から論じる」ことで，argueは「考えを主張するために議論する」こと，debateは「公開の場などで賛成・反対に分かれて討論する」ことを表す。

He **repeated** the same mistake.	彼は同じ間違いを**くり返した**。
Lisa **nodded** *at* the president's words.	リサは大統領の言葉に**うなずいた**。
Anne **insisted** *that* she wasn't lying.	アンは自分はうそをついていないと**主張した**。
I don't like people who **criticize** others.	私は他人を**非難する**人は好きではない。
Mary **commented** *on* Judy's new clothes.	メアリーはジュディの新しい服**について意見を述べた**。
Why don't you ask Mr. Brown for **advice**?	ブラウン氏に**助言**を求めてはどうですか。
Our teacher *made a* **gesture** to stand up.	私たちの先生は立ち上がるようにという**身振り**をした。

体を動かす

837 □ **cross**
[krɔ́ːs] クロース
動 ① ～を横断する　② (足や腕) を組む

838 □ **exercise**
[éksərsàiz] ア 綴
エクササイズ
名 ① 運動, 体操　② 練習問題

839 □ **climb**
[kláim] 発 クライム
動 (～に) 登る　⇨ climber 名 登山家

840 □ **ride**
[ráid] ライド
動 (馬・乗り物など) に乗る
<ride-rode-ridden>

841 □ **shake**
[ʃéik] シェイク
動 ～を振る；揺れる
<shake-shook-shaken>

842 □ **wash**
[wáʃ] ワッシュ
動 ～を洗う；～を洗濯する

843 □ **lift**
[líft] りふト
動 ～を持ち上げる；持ち上がる

844 □ **hide**
[háid] ハイド
動 ～を隠す；隠れる　<hide-hid-hidden>

旅行に関する語 (2)

845 □ **sail**
[séil] セイる
動 船で渡る, 船旅をする；出航する

846 □ **guide**
[gáid] ガイド
名 ガイド；案内書　➡ a **guide** dog 盲導犬
動 ～を案内する

847 □ **sightseeing**
[sáitsìːiŋ] サイトスィーイング
名 観光

848 □ **passport**
[pǽspɔ̀ːrt] ア パぁスポート
名 パスポート, 旅券

Be careful when you **cross** the street.	道路を**横断する**ときは気をつけなさい。
I need to *get* more **exercise**.	私はもっと**運動**する必要がある。
Most kids love to **climb** trees.	ほとんどの子どもは木に**登る**のが大好きだ。
Sandra **rides** her bicycle to school every day.	サンドラは毎日自転車に**乗って**学校へ行く。
Shake the bottle of salad dressing well.	そのサラダドレッシングのびんをよく**振り**なさい。
Tommy, **wash** your hands before dinner.	トミー，夕飯の前に手を**洗い**なさい。
Can you **lift** that heavy suitcase?	あの重いスーツケースを**持ち上げ**られますか。
She **hid** the birthday present in the bedroom.	彼女は寝室に誕生日プレゼントを**隠した**。

The man **sailed** *across* the ocean.	その男性は海を**船で渡った**。
The **guide** talked about the history of the old castle.	その**ガイド**はその古い城の歴史について話してくれた。
We *went* **sightseeing** *in* Chinatown.	私たちはチャイナタウンに**観光**に行った。
Don't forget to bring your **passport**.	**パスポート**を持ってくるのを忘れずに。

形に関する語

849 □ **form**
[fɔ́ːrm] ふォーム
名 ① 形, 形式；フォーム
② 用紙
➡ fill in a **form** 用紙に記入する

850 □ **shape**
[ʃéip] シェイプ
名 ① 形 ② 姿
動 ～を形づくる

851 □ **circle**
[sə́ːrkl] 綴 サ～クる
名 円

852 □ **square**
[skwéər] 綴 スクウェア
名 ① 正方形 ② 広場 ③ 2乗, 平方

853 □ **middle**
[mídl] ミドる
名 中央, 真ん中

854 □ **triangle**
[tráiæŋgl] トライあングる
名 三角形

855 □ **straight**
[stréit] ストレイト
形 まっすぐな, 一直線の

856 □ **flat**
[flǽt] ふらぁット
形 平らな, 平たい
➡ a **flat** tire パンクしたタイヤ

857 □ **round**
[ráund] ラウンド
形 丸い, 球状の

858 □ **sharp**
[ʃáːrp] シャープ
形 鋭い, とがった

This **form** of dancing is called samba.	このダンスの**形**はサンバと呼ばれる。
The cake was in the **shape** of a star.	そのケーキは星の**形**をしていた。
Everybody, please *make a* **circle**.	皆さん，**円**になってください。
Origami paper is cut into **squares**.	折り紙の紙は**正方形**に切られている。
There is a small island *in the* **middle** *of* the lake.	その湖の**中央**に小さな島がある。
He drew a **triangle** on the paper.	彼は紙に**三角形**を描いた。
Walk *in a* **straight** *line*.	**まっすぐ**に歩きなさい。
The seals were sleeping on a **flat** rock.	そのアザラシたちは**平らな**岩の上で眠っていた。
I like the **round** shape of this bag.	私はこのかばんの**丸い**形が好きだ。
Be careful, that knife is very **sharp**.	気をつけて，そのナイフはとても**鋭い**から。

» 基本動詞⑩

859 □ put <put-put-put>

[pút]
プット

□ He **put** the book on the table.
彼はその本をテーブルに**置いた**。

put は，何かをある位置や状態に設定することを表す。

» 基本的な使い方

「何かをある位置に設定する」という意味から，「何を」「どこに」という言葉が必要である。

□ ① He **put** the radio on the desk.	彼はラジオを机の上に**置いた**。
□ ② **Put** your hand on your head.	手を頭の上に**置きなさい**。
□ ③ She **put** her arms *around* her daughter.	彼女は娘の体に両腕を**回した**。

「何か」や「ある位置」は抽象的なものや場所である場合もある。

☐ ④ **Put** *your name* on the top of the answer sheet.	解答用紙のいちばん上に**名前を記入しなさい。**
☐ ⑤ The news **put** her *in a bad mood.*	そのニュースは彼女を**不機嫌にさせた。**

» putを使った熟語

put on ～, put out ～, put off ～, put up ～,
put down ～ , put back ～ , put away ～

860 ☐	She **put on** her favorite dress.	彼女はお気に入りのドレス**を着た。**
861 ☐	Please **put out** the candle.	ろうそく**を消して**ください。
862 ☐	Tonight's concert will be **put off** till next week.	今夜のコンサートは来週まで**延期される**だろう。
863 ☐	They **put up** a big sign.	彼らは大きな看板**を掲げた。**
864 ☐	**Put down** your bag and rest for a minute.	かばん**を下に置いて**，ちょっと休みなさい。
865 ☐	He **put** the book **back** on the shelf.	彼は本を棚**に戻した。**
866 ☐	**Put** your toys **away** in the closet!	戸棚におもちゃ**を片づけ**なさい！

教室で

Ms. Ito: OK, everyone, **open your textbooks to page** fifteen. Peter, **would you read** the first paragraph **out loud**?

Peter: Fourscore and seven years ago ...

Ms. Ito: Peter, I can't hear you. **Please speak a little** louder.

Mari: Ms. Ito, may I **close the window?** It's noisy outside.

Ms. Ito: Yes, you may.

Peter: Thank you, Mari.

伊藤先生： それではみなさん，**教科書** 15 **ページを開いてください**。ピーター，最初のパラグラフを**声に出して読んでくれますか**？

ピーター： 「87 年前…」

伊藤先生： ピーター，聞こえないです。**もう少し**大きな声**で話してくれますか**？

真理： 伊藤先生，**窓を閉めてもいいですか**？ 外がうるさいです。

伊藤先生： いいですよ。

ピーター： ありがとう，真理。

867 □ **Open your textbooks to page ...** 教科書…ページを開いてください。

868 □ **Would you read ... out loud?** …を声に出して読んでくれますか？

869 □ **Please speak a little ...** もう少し…で話してくれますか。

> **82** **相手が早口の場合**：相手の言葉が早口で聞き取れない場合は，Please speak a little slower. と言ってお願いすることもできる。

870 □ **May I close the window?** 窓を閉めてもいいですか？

B

Mari: Peter, **can I borrow your** dictionary?
Peter: Sure, go ahead.
Mari: Thank you. I couldn't finish my homework last night.
Peter: Were you busy yesterday?
Mari: Yes, **I belong to** the school basketball team. We're going to have a big game on Sunday.
Peter: Wow, **good luck!**
Mari: Thanks.

真理：　ピーター，辞書を借りてもいい？
ピーター：　いいよ，どうぞ。
真理：　ありがとう。昨日の夜，宿題を終えられなかったの。
ピーター：　昨日はいそがしかったの？
真理：　うん。私は学校のバスケットチームに所属しているの。日曜日に大きな試合があるの。
ピーター：　わあ，がんばってね！
真理：　ありがとう。

871 ☐ **Can I borrow your ...?**　…を借りてもいい？

872 ☐ **I belong to ...**　…に所属している

83 **部活に所属している：**I'm in the school basketball club. や I'm a member of the school basketball team. などと言うこともできる。

873 ☐ **Good luck!**　がんばってね！

基本動詞句④

874	□turn on	～をつける，～のスイッチを入れる
875	□turn off	～を消す，～を止める
876	□turn down	～の音量を下げる；（申し出など）を断る
877	□pass by	～のそばを通り過ぎる；通り過ぎる
878	□pass away	亡くなる；消え去る；通り過ぎる
879	□see off	～を見送る

重要な接続詞句

880	□even if	たとえ…でも
881	□even though	…なのに，…だけれど

84 **even if と even though**：even if に続く内容は不確定なものであるのに対し，even though に続く内容は原則として事実でなければならない。

882	□by the time ...	…するときまでに
883	□as far as ...	《範囲・程度》…する限り（では）
884	□as long as ...	《条件》…さえすれば；《時間》…している間は

Could you **turn on** the heater, please?	ヒーターのスイッチを入れていただけますか。
Turn off the lights when you leave the room.	部屋を出るときは電気を消しなさい。
Will you **turn down** the radio?	ラジオの音量を下げてくれませんか。
The parade is **passing by** my house now.	パレードが今私の家のそばを通り過ぎている。
His grandfather **passed away** last year.	彼の祖父は昨年亡くなった。
I went to the airport to **see** him **off**.	私は彼を見送るために，空港へ行った。

I'll go out **even if** it rains.	たとえ雨でも私は出かける。
Even though they lost the game, they looked happy.	彼らは試合に負けたのに，うれしそうだった。
We'll finish dinner **by the time** the TV drama starts.	私たちはテレビドラマが始まるときまでに夕食を終えるつもりだ。
As far as I know, he is not married.	私が知る限り，彼は結婚していない。
You may watch TV **as long as** you do your homework first.	最初に宿題をしさえすれば，テレビを見てもいいよ。

食べ物：food

① milk
② tea
③ coffee
④ chicken
⑤ beef
⑥ pork
⑦ fish
⑧ bread
⑨ rice
⑩ cake
⑪ fruit
⑫ orange
⑬ banana
⑭ grape
⑮ apple
⑯ cherry
⑰ egg
⑱ tomato
⑲ potato
⑳ butter
㉑ cheese
㉒ fork
㉓ knife
㉔ spoon
㉕ dish
㉖ salt
㉗ cup
㉘ glass
㉙ sugar

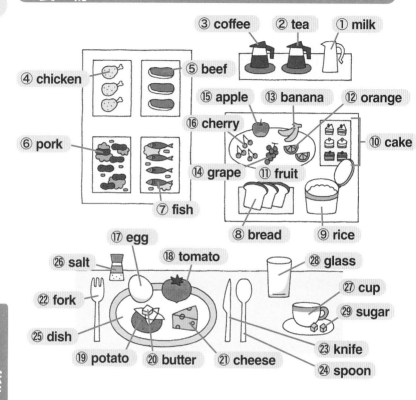

① [mílk]（ミるク）牛乳　② [tíː]（ティー）紅茶　③ [kɔ́ːfi]（コーふぃ）コーヒー　④ [tʃíkin]（チキン）鶏肉　⑤ [bíːf]（ビーふ）牛肉　⑥ [pɔ́ːrk]（ポーク）豚肉　⑦ [fíʃ]（ふぃッシュ）魚　⑧ [bréd]（ブレド）パン　⑨ [ráis]（ライス）ごはん　⑩ [kéik]（ケイク）ケーキ　⑪ [frúːt]（ふルート）フルーツ　⑫ [ɔ́ːrindʒ]（オーリンヂ）オレンジ　⑬ [bənǽnə]（バナぁナ）バナナ　⑭ [gréip]（グレイプ）ブドウ　⑮ [ǽpl]（あプる）リンゴ　⑯ [tʃéri]（チェリ）サクランボ　⑰ [ég]（エッグ）卵　⑱ [təméitou]（トメイトウ）トマト　⑲ [pətéitou]（ポテイトウ）ジャガイモ　⑳ [bʌ́tər]（バタ）バター　㉑ [tʃíːz]（チーズ）チーズ　㉒ [fɔ́ːrk]（ふぉーク）フォーク　㉓ [náif]（ナイふ）ナイフ　㉔ [spúːn]（スプーン）スプーン　㉕ [díʃ]（ディッシュ）お皿　㉖ [sɔ́ːlt]（ソーるト）塩　㉗ [kʌ́p]（カップ）カップ　㉘ [glǽs]（グらぁス）コップ　㉙ [ʃúgər]（シュガ）砂糖

Level 6

1700

相づち・強調する語

885 exactly
[igzǽktli] ア イグザぁクトり
副 ① ちょうど；正確に ②《応答で》まったくそのとおりです
⇨ exact 形 正確な，厳密な

886 indeed
[indíːd] インディード
副 実に，本当に

887 anyway
[éniwèi] エニウェイ
副 とにかく，いずれにしても

888 certainly
[sə́ːrtnli] 発 ア サ～トンり
副 ① 確かに，もちろん ②《応答で》承知しました，もちろんです
⇨ certain 形 確信している

889 absolutely
[æ̀bsəlúːtli] あブソるートり
副 完全に，まったく
⇨ absolute 形 完全な

890 hardly
[háːrdli] ハードり
副 ほとんど～ない

891 otherwise
[ʌ́ðərwàiz] アざワイズ
副《命令文などのあとで》そうでないと，さもないと

892 sure
[ʃúər] シュア
形 確かな，確信して；確実な
副《応答で》もちろん；どういたしまして

環境問題など

893 environment
[enváiərənmənt] 綴 エンヴァイアロンメント
名 ①《the environment で》自然環境 ② 環境
⇨ environmental 形 環境の

894 recycle
[rìːsáikl] 発 綴 リーサイクる
動 ～をリサイクルする，～を再生利用する

895 garbage
[gáːrbidʒ] ガービヂ
名 ごみ（＝《英》rubbish）

It costs **exactly** ten dollars.	**ちょうど**10ドルになります。
She is **indeed** a good writer.	彼女は**実に**よい作家だ。
Anyway, I'll see you tomorrow.	**とにかく**, 明日会いましょう。
He **certainly** has a lot of friends.	彼には**確かに**たくさん友人がいる。
I **absolutely** agree with you.	私は**完全に**あなたに同意します。
I **hardly** know her.	私は彼女のことを**ほとんど**知ら**ない**。
Wear a jacket. **Otherwise**, you'll be cold.	上着を着なさい。**そうでないと**寒いですよ。
Are you **sure** about that?	それは**確か**ですか。

What can we do to save *the* **environment**?	私たちは**自然環境**を守るために何ができるだろうか。
Please **recycle** these bottles.	これらのびんは**リサイクル**してください。
Don't forget to take out the **garbage** tomorrow morning.	明日の朝, **ごみ**を出すのを忘れないで。

» 料理に関する語

896 □ **bake**
[béik] ベイク
動 (パンやお菓子など)を焼く;焼ける

897 □ **boil**
[bɔ́il] ボイる
動 ～をわかす;ふっとうする;～をゆでる

898 □ **melt**
[mélt] メるト
動 溶ける;～を溶かす

899 □ **mix**
[míks] ミックス
動 ～を混ぜる;混じる

900 □ **serve**
[sə́ːrv] サ～ヴ
動 ①(食事など)を出す
②～に仕える

» 病気に関する語

901 □ **sickness**
[síknis] スィックネス
名 ①病気 ⇨ sick 形 病気の
②吐き気

902 □ **illness**
[ílnis]
イるネス
名 病気(≒sickness) ⇨ ill 形 病気の
❗ sicknessより重い病気, 慢性的な病気を表す。

903 □ **fever**
[fíːvər] 発 ふィーヴァ
名 ①(病気による)熱 ②熱狂

904 □ **cough**
[kɔ́ːf] 発 コーフ
名 せき
動 せきをする

905 □ **headache**
[hédèik] ア ヘデイク
名 頭痛

906 □ **cure**
[kjúər] キュア
名 治療(法);回復
動 ～を治す

She likes **baking** cookies.	彼女はクッキーを**焼く**のが好きだ。
Boil some water before you cut the vegetables.	野菜を切る前に水を**わかし**なさい。
My ice cream was starting to **melt**.	私のアイスクリームが**溶け**始めていた。
Mix the milk and sugar.	牛乳と砂糖を**混ぜ**なさい。
The waiter **served** us breakfast in the hotel room.	そのウェイターはホテルの部屋で私たちに朝食を**出して**くれた。

He was absent from school because of his **sickness**.	彼は**病気**のため学校を欠席した。
She has a serious **illness**.	彼女は重い**病気**だ。
Susan *has* a high **fever**.	スーザンは**高熱**がある。
That's a bad **cough**.	それは悪い**せき**だね。
I went to bed early because I *had* a **headache**.	私は**頭痛**がしたので早く床に着いた。
There is no **cure** for the common cold.	よくあるかぜには**治療法**がない。

» 学問に関する語（2）

907 □ **source**
[sɔ́ːrs] ソース
名 源；情報源；水源

908 □ **standard**
[stǽndərd] スタぁンダド
名 水準，基準，標準
形 標準の，標準的な

909 □ **progress**
[prάgres] ア プラグレス
名 進歩；前進
動 [prəgrés] ア 前進する；進歩する

910 □ **judge**
[dʒʌ́dʒ] 発 ヂャッヂ
動 ～を判断する；～を裁判する
名 裁判官，審判員
⇨ judgment 名 判断；判決

911 □ **similar**
[símələr] 発 ア スィミら
形《*be* similar to ... で》…に似ている
⇨ similarity 名 類似

912 □ **worth**
[wə́ːrθ] ワ～す
前 ～の価値がある
➡ *be* **worth** -ing　～する価値がある
名 価値

913 □ **physical**
[fízikəl] 発 ふィズィカる
形 ① 身体の，肉体の（⇔ mental）
② 物質の
⇨ physics 名 物理学

914 □ **mental**
[méntəl] メントる
形 精神の，心の，知能の（⇔ physical）

915 □ **examine**
[igzǽmin] イグザぁミン
動 ① ～を調査する，～を検査する；～を診察する
② ～を試験する
⇨ examination 名 調査；試験

916 □ **invent**
[invént] ア インヴェント
動 ～を発明する
⇨ invention 名 発明品

What is the sun's **source** of energy?	太陽のエネルギー**源**は何か。
They have *a high* **standard** *of* living.	彼らの生活**水準**は高い。
Lily is *making* good **progress** *with* her French.	リリーはフランス語がかなり**進歩**している。
I don't **judge** a book by its cover.	私は本を表紙で**判断し**ない。
Paul's house *is* very **similar** *to* his brother's.	ポールの家は彼の兄[弟]の家に非常に**似ている**。
This painting is **worth** one million yen.	この絵は100万円の**価値がある**。
She has great **physical** strength.	彼女の**身体**はとても強い。
Relaxing is good for your **mental** health.	**精神の**健康のためにはくつろぐのがよい。
We should **examine** how the accident happened.	どのようにしてその事故が起こったのか**調査する**べきだ。
Edison **invented** the electric light in 1879.	エジソンは1879年に電灯を**発明した**。

» 人や集団

917 □ **crowd** [kráud] クラウド
名 群衆, 人ごみ
⇨ crowded 形 込み合った, 満員の

918 □ **audience** ア [ɔ́:diəns] オーディアンス
名 (講演・コンサートなどの) 聴衆, 観客

919 □ **expert** [ékspə:rt] エクスパ～ト
名 専門家, 熟練者
形 熟練した

920 □ **author** [ɔ́:θər] 発 オーさ
名 著者, 作者

921 □ **customer** [kʌ́stəmər] ア カスタマ
名 (商店などの) 客, 得意先

922 □ **volunteer** [vɑ̀ləntíər] ア ヴァランティア
名 ボランティア

923 □ **passenger** [pǽsəndʒər] ア パぁセンヂャ
名 乗客, 旅客

924 □ **partner** [pɑ́:rtnər] パートナ
名 パートナー, 相手 ; 仲間

» よい状態を表す名詞

925 □ **pleasure** [pléʒər] ア 発 プれヂャ
名 楽しみ, 喜び
⇨ please 動 ～を楽しませる
⇨ pleasant 形 楽しませる, 気持ちのよい

926 □ **favor** [féivər] 発 ふェイヴァ
名 好意 ; 親切な行為
➡ ask a **favor** of ... …にお願いする

927 □ **ideal** 発 ア [aidí:əl] アイディーアる
名 理想
形 理想の, 理想的な

There was a **crowd** in front of city hall.	市役所の前に**群衆**がいた。
The **audience** stood up and cheered.	**聴衆**は立ち上がって声援を送った。
Jim is an **expert** on old English films.	ジムは古いイギリス映画の**専門家**だ。
He is the **author** of three books on art.	彼は芸術に関する3冊の本の**著者**である。
There are a lot of **customers** today.	今日は**客**が多い。
Jane is a **volunteer** at that hospital.	ジェーンはその病院の**ボランティア**だ。
There were 20 **passengers** on the bus.	そのバスには20人の**乗客**がいた。
Kate is Bob's dancing **partner**.	ケイトはボブのダンス**パートナー**だ。

I often read for **pleasure**.	私は**楽しみ**のためによく読書をします。
May I *ask a* **favor** *of* you?	あなたに**お願いして**もいいですか。
He was a leader with high **ideals**.	彼は高い**理想**を持つ指導者だった。

調査に関する語（1）

928 □ **research**
[ríːsəːrtʃ] リーサ～チ
名 調査，研究
動 ～を研究する，～を調査する
⇨ researcher 名 研究員，調査員

929 □ **compare**
[kəmpéər] ア コムペア
動 ～と比較する
➡ **compare** A with B　AとBを比較する

930 □ **include**
[inklúːd] ア インクるード
動 ～を含む，～を含める
⇨ including 前 ～を含めて

931 □ **fill**
[fíl] ふィる
動 ～を満たす；満ちる
➡ *be* **filled** with ... …でいっぱいになる

932 □ **deep**
[díːp] ディープ
形 深い
⇨ depth 名 深さ

933 □ **various**
[véəriəs] 発 ア ヴェアリアス
形 さまざまな，いろいろな
⇨ variety 名 変化，多様性

934 □ **value**
[vǽljuː] 発 ヴぁりュー
名 価値；価格
⇨ valuable 形 価値のある

人の心理を表す形容詞

935 □ **proud**
[práud] 発 プラウド
形 誇りに思う

936 □ **exciting**
[iksáitiŋ] イクサイティング
形 わくわくさせる，興奮させる
⇨ excited 形 興奮して

937 □ **curious**
[kjúəriəs] 発 キュアリアス
形 ①《*be* curious about ... で》…を知りたがる
②好奇心が強い　⇨ curiosity 名 好奇心

938 □ **aware**
[əwéər] アウェア
形 ～を認識している，～に気づいている
➡ *be* **aware** of ... …を認識している

I did some **research** on global warming.	私は地球温暖化についていくらか**調査**をした。
I carefully **compared** the expensive dress *with* the cheaper one.	私は高いドレスと安いドレスを念入りに**比較した**。
This price **includes** tax.	この値段は税金も**含まれている**。
Fill the glass *with* water.	そのコップを水で**満たし**なさい。
That kind of fish lives in the **deep** sea.	その種の魚は**深**海に生息している。
Try to get advice from **various** kinds of people.	**さまざまな**人からの助言をもらうようにしなさい。
The **value** of this painting is not very high.	この絵画の**価値**はあまり高くない。

Lucy *is* **proud** *of* her brother.	ルーシーは彼女の兄［弟］を**誇りに思っている**。
We watched an **exciting** movie last night.	私たちは昨夜，**わくわくさせる**映画を見た。
Mary *is* **curious** *about* Japanese culture.	メアリーは日本文化を**知りたがっている**。
Everyone *is* **aware** *that* we need to save energy.	エネルギーを節約しなければならないということはみんな**認識している**。

調査に関する語（2）

939 □ **rate** [réit] レイト
名 ① 率，割合
② 料金

940 □ **attention** [ətén∫ən] アテンション
名 注意，注目
➡ pay[give] **attention** to ... …に注意を払う

941 □ **search** [sə́ːrt∫] サ～チ
動（～を）さがす
➡ **search** A for B　Bを見つけるためにAをさがす

942 □ **data** [déitə] デイタ
名 資料，データ，情報
❗ dataはそれ自体が複数形である。
×a data　×datas　（単）datum

943 □ **discovery** [diskʌ́vəri] ディスカヴァリ
名 発見
⇨ discover 動 ～を発見する

944 □ **observe** [əbzə́ːrv] ア オブザ～ヴ
動 ～を観察する　⇨ observation 名 観察
⇨ observer 名 観察者

945 □ **check** [t∫ék] チェック
動 ～を確認する，～を調べる

everのつく語

946 □ **whatever** [hwʌtévər] ワッテヴァ
代 ① ～するものは何でも
② 何が～しようとも

947 □ **whenever** [hwenévər] ウェネヴァ
接 ① ～するときはいつでも
② いつ～しようとも

948 □ **wherever** [hweərévər] ウェアレヴァ
接 ① ～するところならどこでも
② どこに～しようとも

949 □ **however** [hauévər] ハウエヴァ
副 どれほど～でも
しかしながら，けれども（接続詞的に）

What is the tax **rate** here?	ここの税**率**はいくらですか。
Andy didn't *pay* **attention** *to* what his teacher was saying.	アンディは彼の先生が言っていることに**注意**を払わなかった。
Nancy **searched** her bag *for* her passport.	ナンシーはパスポートを見つけようとバッグを**さがした**。
This **data** was collected from 30 countries.	この**資料**は30か国から集められた。
The news report was about a new **discovery**.	そのニュース報道は新しい**発見**についてだった。
I **observed** the birds in the park.	私は公園の鳥を**観察した**。
Have you **checked** your spelling twice?	つづりを2回**確認し**ましたか。

I will do **whatever** she wants me to do.	私は彼女がしてほしい**ことなら何でも**してあげるつもりだ。
Please turn off the lights **whenever** you go out.	出かける**ときはいつでも**電気を消してください。
Her dog follows her **wherever** she goes.	彼女が行く**ところならどこでも**彼女の犬はついていく。
However careful you are, everyone makes mistakes.	**どれほど**気をつけて**いようとも**，だれだって間違いをする。

950 □ **at** [æt]（あット）

atは，基本的に「一点」を表す。
①《場所の一点》**〜で**
②《時の一点》**〜に**

Change trains **at** Tokyo Station.
東京駅**で**電車を乗り換えなさい。

---

951 □ **in** [in]（イン）

inは，基本的に「中にあること」を表す。
①《場所の中》**〜の中に**
②《期間の中》**〜に**

There are some candies **in** the box.
箱**の中に**あめがいくつかある。

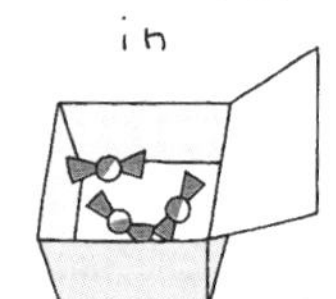

---

952 □ **on** [ɔn]（オン）

onは，基本的に「接触していること」を表す。
①《場所の表面》**〜に**
②《特定のとき》**〜に**

I saw a nice picture **on** the wall.
壁**にある**すてきな絵を見た。

on

---

953 □ **from** [frəm]（ふラム）

《出発点》**〜から**

954 □ **to** [tə]（トゥ）

《方向・到達点》**〜へ，〜に**

I walked **from** the station.
私は駅**から**歩いた。

I walked **to** school.
私は学校**へ**歩いた。

---

955 □ **for** [fɔːr]（ふォー）

①《方向》**〜に向かって**
②《期間》**〜の間**

What time does the train **for** Osaka leave?
大阪**に向かう**電車は何時に出発しますか。

---

956 □ **of** [əv]（オヴ）

①《所属・所有》**〜の**
②《部分》**〜のうちの**

I am a member **of** the swimming team.
私は水泳チーム**の**一員だ。

957 □ **with** [wið]（ウィず）

① ～といっしょに
②《所有》～をもって

She went shopping **with** her friend.
彼女は友人**といっしょに**買い物に行った。

958 □ **into** [íntə]（イントゥ）

～の中に

The cat ran **into** my room.
猫が私の部屋**の中に**走って入ってきた。

959 □ **against** [əgénst]（アゲンスト）

① ～に逆らって，～に反対して
② ～に寄りかかって

I walked **against** the strong wind.
私は強い風**に逆らって**歩いた。

960 □ **near** [níər]（ニア）

～の近くに

Ken sat **near** me.
健は私**の近くに**座った。

961 □ **beside** [bisáid]（ビサイド）

～のそばに，～のわきに

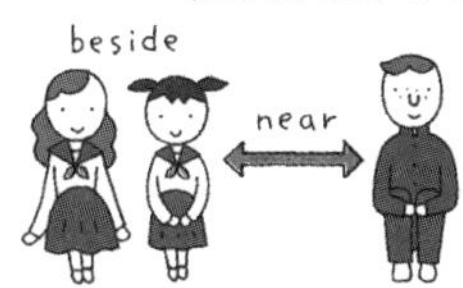

Akiko sat **beside** me.
明子は私**のそばに**座った。

962 □ **by** [bai]（バイ）

① ～のそばに　②《時間・期限》～までに　③ ～によって

同じ「近い」という表現でも，nearは「ある程度距離が離れていること」，besideは「左右にすぐ隣接していること」，byは「左右に関係なく，隣接していること」を表す。

The girl was standing **by** the window.
その少女は窓**のそばに**立っていた。

家で

A

Son: Mom, can I go see a movie tonight?
Mom: Tonight? **Can't you wait till** the weekend? **You'd better** clean your room today.
Son: I cleaned it yesterday.
Mom: What time does the movie start?
Son: It starts at 8:30.
Mom: **That's too late.** Wait till Saturday, Billy.
Son: OK.

息子： お母さん，今晩映画を見に行っていい？
母： 今晩？ 週末**まで待てないの？** 今日は自分の部屋の掃除を**したほうがいい**わよ。
息子： 昨日掃除したよ。
母： 映画は何時に始まるの？
息子： 8時半に始まるよ。
母： **それは遅すぎる**わ。土曜日まで待ちなさい，ビリー。
息子： わかったよ。

963 □ **Can't you wait till ...?** …まで待てないの？

964 □ **You'd better ...** …したほうがいい。

85 **忠告する：**had better ... は「…しないと困ったことになるよ」という意味が含まれるので，立場が上の人には用いないほうがよい。

965 □ **That's too late.** それは遅すぎる。

B

Dad: **What's on TV** tonight?
Daughter: Oh, there's a new drama starring Jiro Matsumoto!
Dad: Jiro? **Who is that?**
Daughter: Jiro Matsumoto, the boy who played the hero in the movie *Kyoto Tower.*
Dad: I've never heard of him.
Daughter: Oh, Dad, he's really popular with girls. But I have a club meeting tonight. Can you set the DVD for me?
Dad: Sure, **no problem.**

父：　今晩は**テレビで何をやるのかな。**
娘：　わあ，松本次郎主演の新ドラマが始まるわ！
父：　次郎？ **だれだそれは？**
娘：　松本次郎，映画の『京都タワー』で主役を演じた男の子よ。
父：　聞いたことないな。
娘：　もう，お父さん，彼は女子の間で本当に人気があるのよ。でも，今日の夜は部活のミーティングがあるの。DVD の設定をしておいてくれない？
父：　もちろん，**かまわないよ。**

966 □ **What's on TV?**　テレビで何をやるのかな。

967 □ **Who is that?**　だれだそれは？

968 □ **No problem.**　かまわないよ。

86 **No problem. の用法**：お礼や謝罪の言葉に対しての返事でも用いることができる。Thank you for your help.「手伝ってくれてありがとう」No problem.「どういたしまして」/ I'm sorry I'm late.「遅れてごめんなさい」No problem.「大丈夫ですよ」

危機・事故・犯罪など

969 □ **prison** [prízn] プリズン
名 刑務所
⇨ prisoner 名 囚人

970 □ **arrest** [ərést] アレスト
動 ～を逮捕する
名 逮捕

971 □ **crash** [kræʃ] クラぁッシュ
動 ① 衝突する；(音を立てて) 壊れる
② (飛行機が) 墜落する　名 衝突，墜落

972 □ **warn** [wɔ́:rn] 発 ウォーン
動 ～に警告する，～に注意する
⇨ warning 名 警告，警報

973 □ **crisis** [kráisis] クライスィス
名 危機，重大な局面
(複) crises [kráisi:z] クライシーズ

974 □ **steal** [stí:l] 発 スティーる
動 ～を盗む　<steal-stole-stolen>

975 □ **punish** [pʌ́niʃ] パニッシュ
動 ～を罰する
⇨ punishment 名 処罰，刑罰

災害・社会問題に関する語

976 □ **nuclear** [njú:kliər] 発 ニュークりア
形 核の，原子力の

977 □ **pollution** [pəlú:ʃən] ポるーション
名 汚染，公害

978 □ **earthquake** [ɔ́:rθkwèik] ア ア～すクウェイク
名 地震

979 □ **typhoon** ア 綴 [taifú:n] タイふーン
名 台風

980 □ **flood** [flʌ́d] 発 ふらッド
名 洪水

He spent five years in **prison**	彼は５年間**刑務所**にいた。
A police officer **arrested** the thief last night.	警官が昨晩，そのどろぼうを**逮捕した**。
The car **crashed** into a wall.	その車は壁に**衝突した**。
The yellow light **warns** a driver to slow down.	黄色信号は運転手に速度を落とすようにと**警告している**。
The oil **crisis** made prices go up everywhere.	石油**危機**はあらゆるところで価格を上昇させた。
Somebody **stole** my bicycle.	だれかが私の自転車を**盗んだ**。
You will be **punished** if you do that.	そんなことをすると**罰せられる**よ。

The idea of **nuclear** war is very scary.	**核**戦争という考えはとても怖い。
Air **pollution** is a global problem today.	大気**汚染**は今日では世界規模の問題だ。
Japan has a lot of **earthquakes**.	日本は**地震**が多い。
We have a lot of **typhoons** here in the early fall.	ここでは秋の初めに**台風**が多い。
Many people died in the **flood**.	多くの人がその**洪水**で亡くなった。

» 心の動き（4）

981 **notice**
[nóutəs] 発 ノウティス
動 ～に気がつく，～に注目する

982 **guess**
[gés] ゲス
動 ～と推測する，～だと思う
名 推測

983 **respect**
[rispékt] リスペクト
動 ～を尊敬する，～を敬う
名 尊敬，敬意

984 **suppose**
[səpóuz] サポウズ
動 ～と思う；～と想像する
➡ *be* **supposed** to *do* ～することになっている

985 **imagine**
[imǽdʒin] イマぁヂン
動 ～を想像する
⇨ imagination 名 想像（力）
⇨ image 名 印象，イメージ

986 **expect**
[ikspékt] ア イクスペクト
動 ～を期待する；～を予期する
⇨ expectation 名 期待；予想

987 **intend**
[inténd] インテンド
動《intend to *do* で》～するつもりである

988 **relax**
[rilǽks] ア リらぁックス
動 くつろぐ，リラックスする

989 **prefer**
[prifə́ːr] ア プリふァ～
動《prefer A to B で》**B** よりも **A** を好む

» 否定を表す語

990 **none**
[nʌ́n] 発 ナン
代 だれも～ない，ひとつも～ない

991 **neither**
[níːðər] 発 ニーざ
代 どちらも～ない

I didn't **notice** that Jane had left the party.	私はジェーンがパーティーをあとにしたのに**気がつか**なかった。
Can you **guess** my age?	私の年齢を**推測**できますか。
I **respect** Tom's courage.	私はトムの勇気を**尊敬する**。
I **suppose** Danny will be late today, as usual.	私はダニーは今日遅れると**思う**, いつものようにね。
Imagine a world without war.	戦争のない世界を**想像しなさい**。
I **expect** that he will come again.	私は彼がふたたび来ると**期待している**。
Patty **intends** *to study* French in college.	パティーは大学でフランス語を学ぶ**つもりだ**。
You should take a rest and **relax**.	ひと休みして, **くつろぎ**なさい。
My mother **prefers** coffee *to* tea.	私の母は紅茶**より**コーヒー**のほうを好む**。

None of the students were late that day.	その日, 生徒たちの**だれも**遅刻を**しなかった**。
I like **neither** of the dresses.	私は**どちら**のドレス**も**好きで**ない**。

» 社会に関する語 (3)

992 □ **custom**
[kʌ́stəm] カスタム
名（社会的な）慣習，習慣

993 □ **habit**
[hǽbit] 発 ハぁビト
名 くせ，（個人的な）習慣

994 □ **tradition**
[trədíʃən] トラディション
名 伝統，慣習
⇨ traditional 形 伝統的な

995 □ **belong**
[bilɔ́ːŋ] ビローング
動《belong to ... で》…に属している，…のものである

» 戦いに関する語

996 □ **army**
[ɑ́ːrmi] アーミ
名《the army で》陸軍；軍隊

997 □ **battle**
[bǽtl] バぁトる
名 戦闘，戦争
動 戦う

998 □ **victim**
[víktim] ヴィクティム
名（事故などの）犠牲者，被害者

999 □ **soldier**
[sóuldʒər] 発 綴
ソウるヂャ
名 兵士，軍人

1000 □ **enemy**
[énəmi] ア
エネミ
名 敵，かたき

Shaking hands is not a **custom** in that country.	握手することはその国の**慣習**ではない。
That is a bad **habit**.	それは悪い**くせ**だ。
The country has a long **tradition** of making wooden products.	その国には木製品を作る長い**伝統**がある。

87 **habit, custom, tradition**：habitは個人が無意識に行うくせなどを表し，customは主に社会的に定着したしきたりなどのほか，個人の習慣も表すことができる。traditionは昔から続いている慣例を表す。

I **belong** *to* the school tennis club.	私は学校のテニス部に**所属している**。

Mark joined *the* **army** after high school.	マークは高校のあと**陸軍**に入った。
They won the **battle**.	彼らはその**戦闘**に勝った。
He was a **victim** of the war.	彼はその戦争の**犠牲者**だった。
He didn't want to be a **soldier**.	彼は**兵士**にはなりたくなかった。
We fought against the **enemy**.	私たちは**敵**と戦った。

よくない状態を表す語

1001 **scared** [skéərd] スケアド — 形《be scared of ... で》…をこわがる

1002 **careless** [kéərlis] ケアれス — 形 不注意な, 軽率な（⇔ careful 注意深い）

1003 **guilty** [gílti] 発 ギるティ — 形 ① うしろめたい, やましい ② 有罪の, 罪を犯した（⇔ innocent 無罪の；無邪気な）

1004 **violent** [váiələnt] ア ヴァイアれント — 形 暴力的な, 乱暴な ⇨ violence 名 暴力

1005 **evil** [í:vl] 発 イーヴる — 形 ① 邪悪な, 悪い ② 有害な 名 悪；害悪

特徴を示す形容詞（1）

1006 **plain** [pléin] プれイン — 形 ① わかりやすい, 明白な ② 質素な

1007 **formal** [fɔ́:rməl] ふォーマる — 形 ① 正式の, 公式の ② 堅苦しい, 型にはまった

1008 **informal** [infɔ́:rməl] インふォーマる — 形 ① 非公式の ② 形式ばらない, うちとけた

1009 **unique** [ju:ní:k] 発 ア ユーニーク — 形 独特の, ユニークな

1010 **typical** [típikəl] 発 ア ティピクる — 形 典型的な ⇨ type 名 型, タイプ

1011 **basic** [béisik] ベイスィック — 形 基本的な, 基礎の ⇨ base 名 基礎；土台

I *am* **scared** *of* spiders.	私はクモが**こわい**。
She was **careless** and made a mistake.	彼女は**不注意で**間違いをした。
I felt **guilty** about telling a lie.	私はうそをついたことを**うしろめたく**思った。
This video game is too **violent** for children.	このビデオゲームは子どもたちには**暴力的**すぎる。
He will be punished for his **evil** actions.	彼は**邪悪な**行為のため罰せられるだろう。

Please speak slowly and use **plain** English.	もっとゆっくり話して，**わかりやすい**英語を使ってください。
The two countries made a **formal** agreement.	2国は**正式な**合意をした。
The interview with the president was **informal**.	大統領へのインタビューは**非公式**だった。
His hairstyle is **unique**.	彼の髪型は**独特**だ。
This is a **typical** example of English poetry.	これはイギリス詩の**典型的な**例である。
I have a **basic** knowledge of French.	私にはフランス語の**基本的な**知識がある。

≫ 不安・心配など

1012 □ **miss** [mís] ミス
動 ① ～がいなくてさびしい ② ～をのがす ③ ～に乗り遅れる

1013 □ **worry** [wə́:ri] ワーリ
動 心配する

1014 □ **surprise** [sərpráiz] ア サプライズ
動 ～を驚かせる
➡ *be* **surprised** at ... …に驚く
名 驚き

1015 □ **panic** [pǽnik] パぁニク
名 パニック，恐怖；恐慌

1016 □ **shock** [ʃák] シャック
名 衝撃的なこと；(精神的な) ショック
動 ～にショックを与える，～を驚かせる

1017 □ **nervous** 発 [nə́:rvəs] ナ～ヴァス
形 ① 緊張した ② 不安な

≫ 特徴を示す形容詞 (2)

1018 □ **original** ア [ərídʒənəl] アリヂヌる
形 最初の；独創的な
名 原物，原作 ⇨ origin 名 起源，生まれ

1019 □ **normal** [nɔ́:rməl] ノームる
形 ふつうの，正常な

1020 □ **ordinary** [ɔ́:rdənèri] オーディネリ
形 ふつうの，平凡な (⇔ special 特別な)

1021 □ **usual** [jú:ʒuəl] 発 ユージュアる
形 いつもの，ふつうの
⇨ usually 副 ふつう
➡ as **usual** いつものように

I **miss** you.	私はあなたが**いなくてさびしい**。
Don't **worry** *about* it.	そのことについて**心配する**な。
His strange behavior **surprised** her.	彼の奇妙な行動は彼女を**驚かせた**。
She *got into a* **panic** when she couldn't find her passport.	パスポートが見つからなくて彼女は**パニック**におちいった。
It was a great **shock** to me.	それは私には非常に**衝撃的なこと**だった。
Tom was **nervous** before he gave his speech.	トムはスピーチをする前に**緊張した**。

There is only one **original** club member left.	**最初の**クラブの会員で残っているのはたったひとりだ。
It's **normal** to feel tired after a long trip.	長旅のあとで疲れを感じるのは**ふつうの**ことだ。
Ordinary people like to see movie stars.	**ふつうの**人びとは映画スターを見るのが好きだ。
Let's meet at the **usual** place.	**いつもの**場所で会いましょう。

88 **どんな「ふつう」？**：normalは基準からはずれていないという意味を表し，ordinaryは特別なことはなくありふれているという意味を表す。usualは，頻度が多いことを意味する。

感情を表す語

1022 **excellent** [éksələnt] ア 綴 エクセレント
形 すばらしい，優れた，優秀な

1023 **favorite** [féivərət] ア 綴 ふェイヴァリット
形 お気に入りの，大好きな

1024 **perfect** ア [pə́ːrfikt] パ～ふェクト
形 完璧な，完全な

1025 **comfortable** [kʌ́mftəbl] 発 ア カムふァタブる
形 心地よい，快適な（⇔ uncomfortable 居心地の悪い）

1026 **convenient** [kənvíːnjənt] ア 綴 コンヴィーニエント
形 都合のよい；便利な
⇨ convenience 名 便利，好都合

1027 **pleasant** [plézənt] 発 プれズント
形 感じのよい；楽しい
⇨ please 動 ～を楽しませる

1028 **precious** [préʃəs] プレシャス
形 貴重な，高価な；大切な

1029 **amazing** [əméiziŋ] アメイズィング
形 びっくりするような，驚くべき，すばらしい

危機・緊急事態

1030 **harm** [hάːrm] ハーム
名 害，危害　⇨ harmful 形 有害な
➡ do **harm** to ... …に害を与える

1031 **alarm** [əlάːrm] アらーム
名 ① 目覚まし（時計）；警報（器）
② 驚き，恐怖

1032 **urgent** 発 [ə́ːrdʒənt] ア～ヂャント
形 緊急の，切迫した

The pizza in New York is **excellent**.	ニューヨークのピザは**すばらしい**。
Sam's **favorite** place is Hawaii.	サムの**お気に入りの**場所はハワイだ。
I took a picture of a **perfect** sunset.	私は**完璧な**夕焼けの写真をとった。
This sofa is very soft and **comfortable**.	このソファーはとてもやわらかくて**心地よい**。
Please call me when *it is* **convenient** *for* you.	あなたにとって**都合のよい**ときに，私に電話してください。
I met a **pleasant** young man yesterday.	私は昨日，**感じのよい**若者に会った。
Everything in this box is very **precious** to me.	この箱の中のものはすべて，私にとっては**貴重な**ものだ。
The writer wrote many **amazing** stories.	その作家は多くの**びっくりするような**物語を書いた。

Smoking will *do* **harm** *to* your health.	喫煙は健康に**害を与える**だろう。
I set the **alarm** for six.	私は**目覚まし時計**を6時にセットした。
I received an **urgent** message from my mother.	私は母から**緊急の**メッセージを受け取った。

» 社会に関する動詞

1033	**occur** [əkə́ːr] 発 ア オカ～	動 ①（予期せずに）起こる ②《〈事柄〉occur to〈人〉で》〈事柄〉がふと〈人〉の心に浮かぶ
1034	**exist** [igzíst] 発 ア イグズィスト	動 存在する，生存する ⇨ existence 名 存在，生存
1035	**depend** [dipénd] ア ディペンド	動《depend on [upon] ... で》…しだいである；…に頼る ⇨ dependent 形 頼っている
1036	**tend** [ténd] テンド	動《tend to *do* で》～する傾向がある
1037	**supply** [səplái] サプらイ	動 ～を提供する，～を供給する，～を与える 名 供給（⇔ demand 需要）
1038	**fit** [fít] ふィット	動（～に）合う；～を合わせる，～を適合させる
1039	**gather** [gǽðər] ギぁざ	動 集まる；～を集める
1040	**apply** [əplái] ア アプらイ	動《apply for ... で》…を申し込む ⇨ application 名 申し込み
1041	**attend** [əténd] ア アテンド	動 ① ～に出席する ② ～の世話をする
1042	**relate** [riléit] リれイト	動 ～と関係させる；～を述べる ⇨ relation 名 関係 ⇨ relative 名 親戚 ➡ *be* **related** to ... …と関係がある
1043	**participate** [pɑːrtísəpèit] ア パーティスィペイト	動 参加する，加わる ⇨ participation 名 参加 ➡ **participate** in ... …に参加する（＝take part in ...）

That problem **occurred** before 2000.	その問題は2000年以前に起こった。
Do you think life **exists** on other planets?	他の惑星に生命が**存在する**と思いますか。
What I wear **depends** *on* the weather.	私が何を着るかは天気**しだい**だ。
Bill **tends** *to speak* very fast.	ビルは早口になる**傾向がある**。
She was not able to **supply** much information.	彼女はあまり情報を**提供する**ことができなかった。
Those shoes don't **fit** my feet.	その靴は私の足に**合わ**ない。
They **gathered** around the table.	彼らはテーブルのまわりに**集まった**。
Paul **applied** *for* a new job last week.	ポールは先週新しい仕事を**申し込んだ**。
Gerry will **attend** a meeting this afternoon.	ジェリーは今日の午後，会議に**出席する**予定だ。
His sickness seemed to *be* **related** *to* the food he ate.	彼の吐き気は彼が食べたものと**関係している**ようだった。
Many people **participated** *in* the discussion.	多くの人がその議論に**参加した**。

1044 □ **along** [əlɔ́:ŋ]（アローング）

～に沿って

I walked **along** the river.
私は川**に沿って**歩いた。

1045 □ **across** [əkrɔ́:s]（アクロース）

① ～を横切って　② **～の向こう側に**

He tried to swim **across** the river.
彼は川**を横切って**泳ごうとした。

1046 □ **through** [θrú:]（スルー）

① ～を通り抜けて
② **～の間ずっと**

We went **through** the crowd.
私たちは人ごみ**を通り抜けて**いった。

1047 □ **above** [əbʌ́v]（アバヴ）

① ～の上に［を］
②《程度》**～より上で**
真上とは限らずに上方にあるという意味合いがある。

The birds were flying **above** the trees.
鳥たちが木**の上を**飛んでいた。

1048 □ **over** [óuvər]（オウヴァ）

①《動作》**～を越えて**；《数量》**～以上で**　② **～の上に**
「上の方を覆っている」という意味合いがある。

The dog jumped **over** the fence.
その犬がフェンス**を越えて**ジャンプした。

1049 □ **under** [ʌ́ndər]（アンダァ）

① ～の下に
②《数量・程度が》**～未満で**
「何かに覆われているようにして下にある」という意味合いがある。

He hid **under** the table.
彼はテーブル**の下に**隠れた。

1050 □ **below** [bilóu]（ビロウ）

① ～の下に
②《数量・程度が》**～より下で**
真下とは限らずに，下方にあるという意味合い。

The sun sank **below** the horizon.
太陽が地平線**の下に**沈んだ。

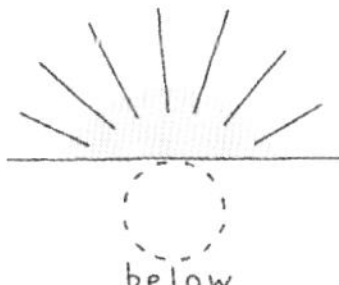

1051 □ **between** [bitwíːn]（ビトウィーン）

（2つのもの）～の間に［で］

She sat **between** Yuri and Keiko.
彼女は由里と圭子**の間に**座った。

1052 □ **among** [əmʌ́ŋ]（アマング）

（3つ以上のもの）～の間に［で］

The actor is popular **among** young girls.
その俳優は少女たち**の間で**人気がある。

1053 □ **toward** [tɔ́ːrd]（トード）

《方向》**～のほうへ，～に向かって**
方向を指しているだけで，目的地は含まれていない。

I was walking **toward** the movie theater.
私は映画館の**ほうへ**歩いていた。

1054 □ **behind** [biháind]（ビハインド）

～のうしろに［を］

He was driving **behind** the truck.
彼はトラックの**うしろを**運転していた。

1055 □ **around** [əráund]（アラウンド）

～のまわりに［を］

We sat **around** the table.
私たちはテーブルの**まわりに**座った。

論理を表す熟語

1056	**thanks to ...**	…のおかげで；…のせいで
1057	**instead of ...**	…の代わりに
1058	**except for ...**	…を除いては，…以外の点では
1059	**in addition to ...**	…に加えて，…のほかに

否定の熟語

1060	**no longer ...**	もはや…でない，もはや…しない
1061	**not always ...**	いつも…とは限らない，必ずしも…とは限らない

89 部分否定：always や every など全体や完全を表す語句といっしょに not を使うと，「全部ではない」「完全ではない」という，部分否定の意味になる。

1062	**not ... at all**	少しも…ない，全然…ない

基本動詞句⑤

1063	**hand in**	～を提出する，～を手渡す
1064	**point out**	～を指摘する，～を注意する；～を指さす
1065	**take part in ...**	…に参加する（＝participate in ...）
1066	**shake hands with ...**	…と握手する

Thanks to his help, I was able to finish my report.	彼の助け**のおかげで**，私はレポートを書き終えることができた。
I want you to go there **instead of** me.	私**の代わりに**あなたにそこに行ってもらいたい。
The room was empty **except for** an old chair.	その部屋は，古いいす**を除いて**からっぽだった。
I have to study French **in addition to** English.	私は英語**に加えて**フランス語も勉強しなければならない。

You are **no longer** a child.	君は**もはや**子どもでは**ない**。
My father is **not always** at home on Sundays.	父は日曜日に**いつも**家にいる**とは限らない**。
I did **not** understand what he said **at all**.	彼が言ったことが私には**少しも**わから**なかった**。

The students **hand in** their exercise books once a week.	生徒たちは毎週1回，ワークブック**を提出する**。
He **pointed out** the problem in this plan.	彼はこの計画の問題点**を指摘した**。
About 400 students **took part in** the parade.	約400人の学生がパレード**に参加した**。
I **shook hands with** my favorite singer.	私は大好きな歌手**と握手した**。

家族：family

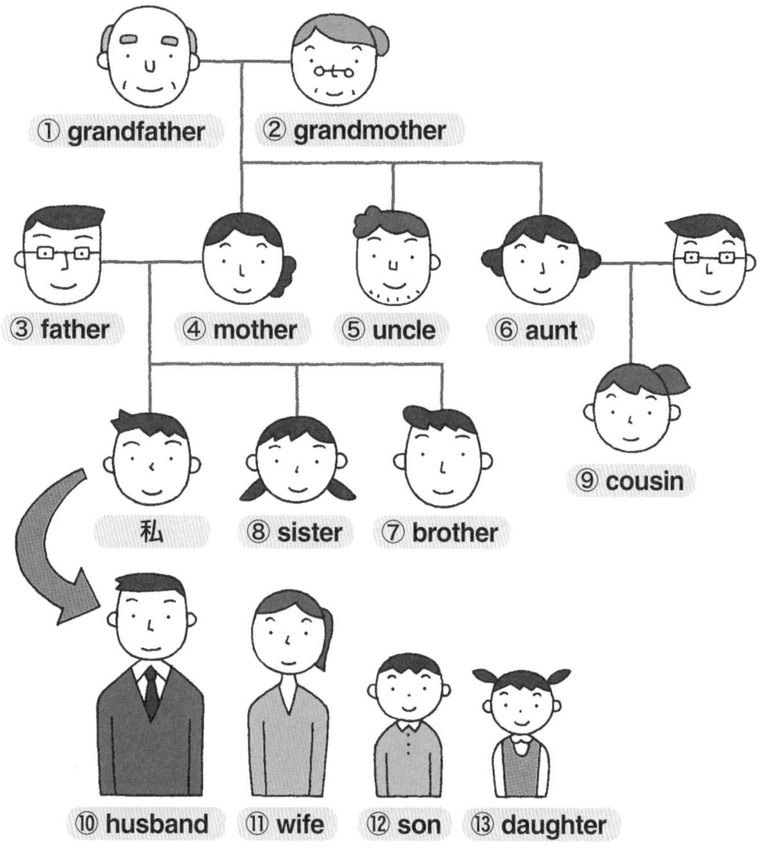

① grandfather ② grandmother

③ father ④ mother ⑤ uncle ⑥ aunt

私 ⑧ sister ⑦ brother ⑨ cousin

⑩ husband ⑪ wife ⑫ son ⑬ daughter

① [grǽndfɑ̀:ðər]（グラぁンドふァーざ）祖父　② [grǽnmʌ̀ðər]（グラぁンマざ）祖母
③ [fɑ́:ðər]（ふァーざ）父　④ [mʌ́ðər]（マざ）母　⑤ [ǽŋkl]（アンクる）おじ
⑥ [ǽnt]（あント）おば　⑦ [brʌ́ðər]（ブラざ）兄［弟］　⑧ [sístər]（スィスタ）姉［妹］
⑨ [kʌ́zn]（カズン）いとこ　⑩ [hʌ́zbənd]（ハズバンド）夫　⑪ [wáif]（ワイふ）妻
⑫ [sʌ́n]（サン）息子　⑬ [dɔ́:tər]（ドータ）娘

» コラム一覧

○本文に収録されているコラムを通し番号順に掲載しました。前方の数字は通し番号を，後方の数字は掲載されているページ数を表します。

≫単語さくいん

○本文に収録されている単語をABC順に掲載しました。数字は見出し語の通し番号を表します。見出し語は太字で示しています。細字の単語は，本文中に派生語・関連語として掲載されているものです。なお，p.は単語の掲載されているページ数を示しています。

T